Knaur

Markus Steinhaus

Willkommen im

Kollegenzoo

VON AKTENWURM BIS VORZIMMERDRACHEN –
ENTDECKEN SIE DIE FASZINIERENDE WELT
DER BÜROBEWOHNER

Einführung

Achtung Satire! Es darf, nein, es muss geschmunzelt und sogar gelacht werden! Schon der Titel dieses Buches verweist darauf, dass nicht alles allzu ernst genommen werden sollte, was auf den folgenden Seiten über die »lieben Kollegen« zu lesen ist. Selbstverständlich aber findet sich in jeder Groteske, in jedem Witz und in jeder Albernheit auch ein Stückchen des berühmten wahren Kerns; in jeder Übertreibung, Überspitzung und Überzeichnung wohnt zumindest ein Schatten der Wirklichkeit.

Gleichwohl sollten wir bedenken, dass auch wir selbst, sofern wir das Glück haben, einer abhängigen oder selbstständigen Erwerbstätigkeit nachgehen zu dürfen, Kollegen unserer Kollegen sind. Und wie oft haben wir selbst schon für Kopfschütteln, für Enttäuschung oder gar für wütende Reaktionen in Mitarbeiterkreisen gesorgt? Hand aufs Herz: gewiss nicht nur ein einziges Mal. Kunststück, denn das Verhalten unter Kollegen – und eben auch unser eigenes Handeln – gehört zu den Dingen, die allzu menschlich sind. Mit anderen Worten: Lassen Sie uns zu unseren Schwächen stehen. Das macht stark.

→ Von Besserwissern, Intriganten und Gerüchtestreuern

Natürlich gibt es Mitstreiter an unserem Arbeitsplatz, die uns den kollegialen Umgang mit ihnen schwerer als andere machen: »Kollegen«, die mit üblen Nachreden und fantasiereichen Histörchen Position und Ruf anderer unterminieren; Schleimer und Bücklinge, die bei jeder sich bietenden Gelegenheit dem Chef in den Allerwertesten …, Neider und Karrieristen, die mit Stahlkappen auf den ohnehin schon spitzen Ellenbögen vermeintliche und tatsächliche Konkurrenten beim Wettkampf um die größten Futtertröge schmerzhaft in die Rippen stoßen und wegboxen. Ja, all das, was der Mensch an Gemeinheit, Böswilligkeit und Dreistigkeit aufzubringen hat – und das ist eine ganze Menge –, findet sich selbstverständlich nicht nur im heiligen Hafen der Ehe, sondern auch am Arbeitsplatz.

→ Das Tier in uns

Allzu menschlich. Oder sollten wir besser von »allzu tierisch« sprechen? Wir haben Zweifel, denn das Tier, zumal auch das von uns Menschen zur »Bestie« stilisierte Raubtier, handelt lediglich nach seinen Instinkten. Der Mensch aber, dieses Kronjuwel der Schöpfung, ist vernunftbegabt. Der Mensch analysiert und kalkuliert, er rechnet sich methodisch seine Chancen und Vorteile aus, er festigt systematisch und keinesfalls zufällig seine Position und strebt Prestige und Macht an.

Insofern tut auch der »Kollegenzoo« unseren tierischen Mitgeschöpfen gewaltiges Unrecht an, denn er kommt nicht drum herum, sich an manchen Stellen gewisser Klischees zu bedienen. Und trotzdem scheint es naheliegend, menschliches Verhalten durch tierische Eigenschaften zu symbolisieren, da uns nichts so einleuchtend und nachvollziehbar erscheint wie der Vergleich eines Menschen mit den einem Tier zugerechneten oder angedichteten Charakterzügen.

Doch so, wie die Heftigkeit des Gelächters über eine gut erzählte Pointe eher ein Indiz für den jeweiligen Grad der Fantasie der Zuhörer ist als für die Qualität der Pointe selbst, so verhält es sich auch bei der Symbolisierung menschlicher Charakterzüge durch tierische Eigenschaften. Sie kennzeichnen den Menschen, nicht das Tier, und sie künden von unserer eigenen Fantasie.

KOLLEGENTYPOLOGIE

Das Gehege und die Eigenschaften seiner Bewohner

ABLAGEMAUS

(Mus musculus ordinationis)

»Ich hasse das Sprichwort:
Wer suchet, der findet.«

Steckbrief

- Sehr ordnungsliebend
- Nützlich
- Sozial
- Genügsam
- Hilfsbereit

→ Vorkommen

Die Ablage gehört zu einer guten und effektiven Arbeitsorganisation. Jeder muss schriftliche Vorgänge, die abgeschlossen oder auch nur teilweise erledigt sind und aufbewahrt werden müssen, wiederfinden. Wird die Ablage nicht systematisch und methodisch geführt (meist mit einem System von Aktenordnern, Hängeregistermappen oder Ablagekörben), erstickt man schnell in den Papierfluten, die auch im Zeitalter der elektronischen Kommunikation via E-Mail, PDF und RSS kaum abnehmen. Je höher das Aufkommen an schriftlichen Unterlagen in einer Firma ist, desto zahlreicher tummeln sich die Ablagemäuse.

→ Typische Position im Team

Zumeist gehört die Ablage zu den Pflichten einer Sekretärin, in unterbesetzten Teams allerdings erledigen auch Praktikanten, zuverlässige Azubis und andere Hilfskräfte diese Aufgabe. Sie erhalten dabei zwar nicht den erhofften Einblick in die wirklich bedeutenden Arbeitsabläufe eines Unternehmens, dafür jedoch ein dankbares und leicht dahingeschriebenes Zeugnis.

→ Im Arbeitsalltag

Schriftsätze, Dokumente und Schreiben aller Art, Auftrags- und Bestellformulare sowie die Korrespondenz wollen sinnvoll und wiederauffindbar abgelegt sein. Ablagemäuse müssen deshalb sorgfältig und methodisch arbeiten und sich außerdem ein intelligentes System der Verschlagwortung überlegen, das ihnen dabei hilft, wichtige Unterlagen wirklich schnell und sicher wiederzufinden.

Obwohl es sich um eine nützliche und unverzichtbare Aufgabe handelt, wird die Haupttätigkeit der Ablagemäuse von Kollegen häufig mit einem Naserümpfen und geringschätzigen Bemerkungen begleitet. Eine gute Ablage ist alles!

→ Stärken und Schwächen

Eine *Mus musculus ordinationis* liebt Papier, die peinliche Sorgfalt bei der Arbeit und – an erster Stelle – die Ordnung. Alles Schlampige, Unaufgeräumte, Ungeordnete und Unsystematische ist ihr zuwider. In ihrer kleinen Welt ist sie unschlagbar. Für alle kreativen Tätigkeiten, die über das System »erst eins, dann zwei, dann drei« hinausgehen, ist sie aber denkbar ungeeignet.

Persönliche Stärken, die Ihnen bei Ablagemäusen nutzen: Ordnungsliebe, Verständnis für unterbezahlte Tätigkeiten, Einfühlungsvermögen für Stresssituationen und hektische Betriebsamkeit der *Mus musculus ordinationis*, wenn sich ein Dokument trotz durchdachter Ablage nicht sofort findet.

Persönliche Schwächen, die Ihnen bei Ablagemäusen schaden: Die Überzeugung, dass nur das Genie das Chaos durchblickt.

→ Freunde und Feinde

Feinde im engeren oder weiteren Mitarbeiterkreis eines Unternehmens haben lediglich Saison-Ablagemäuse, die nur zeitweise diese Aufgabe übernehmen. Sie müssen sich, zumal wenn sie jung und attraktiv sind, vor einer Marketingmieze (siehe Seite 76) in Acht nehmen, die sich für gewöhnlich immer in der Nähe des Chefs aufhält. In der Regel bringt ihnen ihre Arbeit die Sympathie des Teams ein.

→ Körperhaltung und Bewegungsablauf

In der Regel erkennt man die Ablagemaus an den Ordnerstapeln, die sie durch Gänge und Flure schleppt und in Stahlschränke wuchtet. Obwohl zart gebaut, kann sie Massen an Papier und Pappe transportieren. Häufig hantiert sie mit Locher, Hefter, Klebebändern und Registerblättern und ist hochkonzentriert bei der Arbeit.

»Den Vorgang habe ich im roten Aktenordner der Reihe IIIC abgelegt; Sie finden ihn ganz links im dritten Schrank von rechts.«

→ Heimliche Ziele

Die Ablagemaus träumt davon, ein ultimatives Ablagesystem zu erfinden, das die perfekte Ordnung garantiert.

→ Kommunikationsstrategie und Pflegetipp

Ablagemäuse sollten in regelmäßigen Abständen für ihre Tätigkeit Anerkennung erfahren. Ihre Arbeit stiftet größten Nutzen und verhütet Schaden. Herablassung und Arroganz haben sie wirklich nicht verdient.

ABTEILUNGSHAI

(Carcharodon officii)

»*Gelobt sei,*
   was hart macht.«

→ Vorkommen

Wenn Sie als »Neuer« in eine Abteilung kommen, kann es passieren, dass Sie einem Abteilungshai in die Fänge geraten. Dieser wartet nur auf Lebendfutter: Da ist einer, der noch frisch und gänzlich unbeleckt von den Ge- und

Verboten des Teams ist, der keine Ahnung hat von Vereinbarungen, Absprachen und Arbeitsabläufen, geschweige denn von den geheimen Ritualen, die in jeder Gruppe herrschen und Verhaltensmuster und Hackordnung untereinander bestimmen.

→ Typische Position im Team

Ein richtiger *Carcharodon officii* sichert ständig die Außengrenzen seines Territoriums. Unablässig gleitet er durch sein Revier und erspürt mit feinen Sinnen jeden Flossenschlag, der eventuell gegen ihn gerichtet ist oder das gemeinsame Ziel gefährden könnte. Der »Neue« muss deshalb schleunigst »eingenordet« und mit allen Regeln vertraut gemacht werden, auf dass er ein »wertvolles Mitglied der Gemeinschaft« werde. Dies besorgt, meist gerne und ohne besondere Unterweisung, der Abteilungshai. Ein Festessen für jeden »kleinen« Chef, der die Ausmaße eines Katzenhais, aber auch eines Weißen Hais erreichen kann.

→ Im Arbeitsalltag

Der Abteilungshai lässt keinen Zweifel an seiner Dominanz. Sein Wort ist Gesetz und muss gefälligst akzeptiert werden. Jeder, der den Anschein erweckt, er würde gerne in eine andere Richtung schwimmen, wird sofort auf den Pfad der Tugend zurückbeordert. Sollte irgendjemand seinen Anweisungen nicht Folge leisten, kann es schmerzhaft werden, denn er gehört nicht zu jenen, die Widerspruch durchgehen lassen. Seine Führungsphilosophie ist die »alte Schule«: Wer unten ist, bleibt unten, wer oben ist, bleibt oben, und jeder wird dahin gestellt, wo er – natürlich nach seiner Ansicht – »hingehört« und seine Leistung erbringt. Dieses Denken entspricht nicht nur seiner Philosophie des Fressens und Gefressen-Werdens, sondern überdies seiner Natur, die jede Nachsicht, Geduld und Toleranz als bloße Schwäche definiert.

→ Stärken und Schwächen

Der Abteilungshai ist aufmerksam und konzentriert bei der Arbeit, verfolgt hartnäckig und strebsam seine Ziele und ist immer darum bemüht, »den Laden zusammenzuhalten«.
Zugleich aber ist er intolerant und hasst jede individualistische Regung. Wenn jemand aus der Reihe tanzt, kann er ungerecht und nachtragend sein und seine Überlegenheit, die ihm die Macht verleiht, rücksichts- und skrupellos ausleben.

Persönliche Stärken, die Ihnen bei Abteilungshaien nutzen: Wer seine Pflichten und Aufgaben »stets zur vollsten Zufriedenheit« erfüllt und »immer ein einwandfreies Verhalten gegenüber Vorgesetzten und Kollegen« zeigt, kann sein Arbeitsleben zwar nicht beschaulich, jedoch ohne Ängste und Panikattacken führen.

Persönliche Schwächen, die Ihnen bei Abteilungshaien schaden: Wer einen eigenen Kopf hat, gerne mal aus der Reihe tanzt und nicht ständig dem großen Schwarm folgen will, wer daran zweifelt, dass »die Partei immer recht hat«, und wem die Ansagen des Abteilungshais nicht wie die Zehn Gebote erscheinen, der hat sein Kreuz zu tragen. Aberer und Widersprecher schätzt er überhaupt nicht, ein »Aber« und ein Widerspruch – wie leicht wird daraus eine Revolution!

→ Freunde und Feinde

Freunde sind für ihn bestenfalls Gleichgestellte, die er akzeptiert, solange sie seine Position nicht gefährden oder in Zweifel ziehen. Platzhirsche leisten ihm gute Dienste.

Feindschaft und tiefste Abneigung empfindet er gegenüber allen Kollegen, die etwas Philosophisches an sich haben.

→ Körperhaltung und Bewegungsablauf

Man achte bei Abteilungshaien auf die Augen: Sie sind ständig in Bewegung, registrieren alles, nichts entgeht ihnen. Dabei wirken sie kalt und bar jeder inneren Wärme.

> »Was uns nicht umbringt, macht uns härter.«

→ Heimliche Ziele

Der Abteilungshai strebt nach hundertprozentiger Kontrolle und wünscht sich Zucht und Ordnung.

→ Kommunikationsstrategie und Pflegetipp

Wir müssen schon ein richtiger Backfisch sein, wenn wir, angekommen in einem neuen Team, nicht sofort spüren, woher der Wind weht. Ist unser Chef ein Abteilungshai, dann zieht er uns sofort die passenden Korsettstangen ein, in denen wir uns fortan zu bewegen haben. Wenn wir Ärger vermeiden wollen, gewöhnen wir uns an die flache Atmung; an Sauerstoff für ein eigenständig arbeitendes Gehirn wird es künftig jedoch fehlen.

AKTENWURM

(Vermis actae)

»Jedes Detail ist wichtig.«

→ Vorkommen

Steckbrief

- Sorgfältig
- Präzise
- Detailverliebt
- Analytisch
- Vorsichtig

Überall, wo sich Papierstöße stapeln, wo Aktenordner, Schnellhefter und Registermappen aufbewahrt werden, findet sich auch der Aktenwurm. In der Finanzabteilung eines Betriebs wühlt er sich mit Buchhalterärmeln durch die Papiermassen und führt umfangreiche Dokumente, die niemanden sonst interessieren. Er pflegt ellenlange Statistiken, analysiert den Verbrauch von Bleistiften und Kugelschreibern in den verschiedenen Abteilungen und schreibt Berichte voller Zahlenkolonnen und Empfehlungen an seine Vorgesetzten, wie sich Bürobedarfsartikel noch effizienter und kostensparender einsetzen ließen. Er interessiert sich für jedes Detail – und sei es auch noch so unerheblich.

→ Typische Position im Team

Der Aktenwurm vergräbt sich im Papier. Deshalb ist sein Platz in den Abteilungen und Aufgabenbereichen, in denen dokumentiert, archiviert, analysiert und mit spitzem Stift gerechnet und systematisiert wird.

→ Im Arbeitsalltag

Der Aktenwurm ist keiner, der auf Menschen zugeht, keiner, der gerne im Rampenlicht steht und repräsentiert. Er gehört zu jenen Mitarbeitern, die eher an Strukturen, Abläufen und Hintergründen als an Menschen interessiert sind. Hier fühlt er sich sicher und anderen überlegen, die nicht viel von Details und den tieferen Ursachen der Dinge halten. Er kann sich ein profundes Wissen aneignen, und wenn er gut qualifiziert ist, gehört er zu den Kollegen, die in vielen Besprechungen unverzichtbar sind, da sie manchen »Überflieger« bremsen, dem mehr die Aktion als die vorherige exakte Analyse liegt.

Deshalb kann der *Vermis actae* in die mittlere Führungsebene aufsteigen. Er wird jedoch nie zu den »Entscheidern« gehören, da es mit seiner Entschlusskraft nicht weit her ist und er zu den Zögerern und Zauderern zählt: Es gibt doch immer noch ein Detail, das eingehender untersucht und möglichst von allen Seiten beleuchtet werden muss.

→ Stärken und Schwächen

Stärken:
- Liebe zum Detail
- Präzision und ein systematisches und methodisches Vorgehen
- Sorgfältiges Arbeiten

Schwächen:
- Schnelle und entschlossene Entscheidungen
- Er lässt den Blick auf das »große Ganze« vermissen

→ Freunde und Feinde

Seine Existenz fällt häufig niemandem auf. Große Auftritte sind selten, deshalb kommt er anderen Kollegen auch kaum ins Gehege. Jeder weiß um die Notwendigkeit seiner Arbeit, auch wenn ihn manche gering schätzen. Richtige Feinde hat er jedoch keine.

→ Körperhaltung und Bewegungsablauf

Meist ist er über Akten und Dokumente gebeugt.

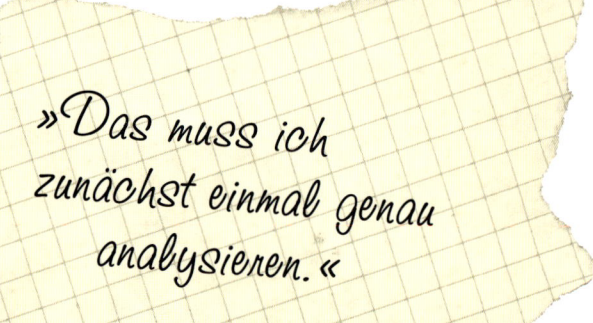

»Das muss ich zunächst einmal genau analysieren.«

Persönliche Stärken, die Ihnen bei Aktenwürmern nutzen:
Ein Vorgesetzter muss einen Aktenwurm führen – sonst kommt dieser nie zum Ziel. Dazu muss er genaue Anweisungen erteilen und den Mut haben, auf manche Detailergebnisse zu verzichten. Auch gleichgestellte Kollegen müssen ihn fordern.

Persönliche Schwächen, die Ihnen bei Aktenwürmern schaden: Mit einem »Management by Helicopter«, mangelndem Interesse für Einzelheiten und nicht durchdachten Entscheidungen erwirbt sich ein Vorgesetzter nie den Respekt und die Loyalität eines *Vermis actae*. Kollegen, die schludrig arbeiten, findet er zutiefst unsympathisch.

→ Heimliche Ziele

Man müsste einen Supercomputer bauen können, der das Leben, die Welt und das Universum in jedem klitzekleinsten Detail analysieren und dokumentieren könnte. Dann endlich wäre hundertprozentige Sicherheit bei allen Fragen und Problemen gewährleistet.

→ Kommunikationsstrategie und Pflegetipp

Aktenwürmer sammeln Details und statistische Erkenntnisse mit Enthusiasmus und Hingabe. Diese müssen sie – mit Maß und Ziel – auch berichten dürfen. Zuhören und die sanfte Mahnung, zum Wesentlichen zu kommen, sind deshalb gleichermaßen wichtig.

Arbeitsbiene

(Apis operae)

»Wer rastet, der rostet.«

→ Vorkommen

Arbeitsbienen sind die Indianer, ohne die jeder Häuptling aufgeschmissen wäre. Sie sammeln den Nektar und produzieren den Honig, aus dem die Erlöse und Erträge des Unternehmens bestehen. Ohne sie gäbe es nichts zu verteilen. Ihre Motivation und ihre Aktivität sind offensichtlich genetisch bedingt, und sie streben nicht nach Höherem, sondern beziehen ihre Zufriedenheit aus der möglichst reibungslosen Erledigung der Aufgaben, die ihnen übertragen werden. Ohne die *Apis operae* funktionieren keine Firma und keine Behörde. Sie machen Kärrnerarbeit, Tag für Tag, und schauen dabei weder nach links noch nach rechts.

→ Typische Position im Team

In einer Fabrik sind es die Arbeiter am Fließband, die Stück um Stück fertigstellen, im Handel sind es die Lageristen und Kassenkräfte, die Kartons in die Regale packen oder an den Ladenkassen sitzen und Preise eintippen. Im Büro sind es die Sachbearbeiter, die Vorgänge erledigen und Listen führen, in Computerfirmen sind es die Programmierer, die Befehl um Befehl schreiben, und in der Arztpraxis die Helferinnen, die Termine organisieren, den Blutdruck messen und jeweils »den Nächsten« in das Behandlungszimmer bitten. Die Arbeitsbienen halten die Räder von Wirtschaft und Verwaltung am Laufen.

→ Im Arbeitsalltag

Arbeitsbienen gehören zu den am wenigsten komplizierten Kollegen. Ihre Ambition ist begrenzt und beschränkt sich auf die effektive und schnelle Erledigung der Aufgaben. Sie schätzen keinen Leerlauf und keine langen Pausen, diese würden sie nur orientierungslos machen. Ihre Identifikation mit den übergeordneten Zielen eines Unternehmens ist allerdings auch nicht sehr groß. Sie wollen vor allem nur eins: arbeiten. Wo und woran genau spielt nicht die entscheidende Rolle.

→ Stärken und Schwächen

Sie sind gut organisiert, und in ihrem Arbeitsablauf greift eins ins andere. Ihre Zeit teilen sie genau ein, und ihre Ziele sind immer präzise definiert. Komplexe Workflows gliedern sie gerne in mehrere übersichtliche Schritte. Unstrukturiertes Arbeiten ohne System und Methode lehnen sie ab. Sie sind konzentriert bei der Sache, sehr hilfsbereit und verzichten auf Ablenkungen. Sie wollen Aufgaben abarbeiten und zu Ende bringen.

Überraschende Ereignisse, die eine neue Definition von Zielen und eine andere Ordnung von Arbeitsschritten erfordern, bereiten ihnen häufig Probleme. Kreativität, Fantasie und Improvisation gehören nicht zu ihren Stärken. Zufälle und unverhoffte Ereignisse werden als Störung der einmal festgelegten Ordnung empfunden und mit größtem Misstrauen betrachtet.

Persönliche Stärken, die Ihnen bei Arbeitsbienen nutzen: Der kollegiale Umgang fällt nicht schwer. Wer selbst konzentriert bei der Arbeit ist und die ständige Betriebsamkeit der *Apis operae* akzeptiert, kommt mit ihr bestens klar.

Persönliche Schwächen, die Ihnen bei Arbeitsbienen schaden: Störungen in den Arbeitsabläufen schätzt sie nicht. Verscherzen kann sich ein Kollege das Verhältnis mit ihr, wenn er die unsichtbare Grenze zwischen Beruf und Privatleben überschreitet, denn »Dienst ist Dienst und Schnaps ist Schnaps« heißt ihre Devise. In einem solchen Fall kann die Biene sogar stechen.

→ Freunde und Feinde

Die meisten Kollegen stehen Arbeitsbienen ausgesprochen neutral gegenüber und respektieren ihre Tätigkeit. Nur manchmal kommt es zu Missmut, weil sich eine *Apis operae* nur ungern auf Klatsch und Tratsch einlässt und es vorzieht, ohne Kommentar ihre Aufgaben zu erledigen, obwohl sie ein höchst soziales Wesen ist. Dann fällt schon mal das abschätzige Wort vom »Malocher«. Dem Faultier (siehe Seite 38) erscheint ihr munteres Treiben einfach rätselhaft.

→ Körperhaltung und Bewegungsablauf

Die Arbeitsbiene scheint mit der Arbeit, die sie erledigt, zu verschmelzen; sie ist höchst konzentriert und registriert nichts um sich herum.

→ Heimliche Ziele

Für die Arbeitsbiene steht ein langes und erfülltes Arbeitsleben, das Zufriedenheit schafft, an erster Stelle.

→ Kommunikationsstrategie und Pflegetipp

Arbeitsbienen lässt man am besten das tun, was sie am besten können: ihre Arbeit verrichten.

»Ich habe zu tun.«

BRÜLLAFFE

(Alouatta horrisonus)

»*Wie oft habe ich Ihnen
schon gesagt, dass …!*«

→ Vorkommen

Der gemeine Brüllaffe lebt in tropischen Regenwaldgebieten zwischen den Kronen hoher Baumriesen, wo er sich mit rollenden, scheckernden und brüllenden Lauten Gehör verschafft. Er kann nicht leise, wohl weil er vermutet, dass

seinen Befehlen und Anweisungen sonst nicht Folge geleistet wird. Kein Wunder, dass das immer kurz vor dem Überschnappen bollernde Organ des *Alouatta horrisonus* besonders auf mittlerer und unterer Hierarchieebene zu vernehmen ist.

→ Typische Position im Team

Höhere Führungspositionen dürfte er nur äußerst selten erreichen, denn seine cholerische Natur, die oft mit Bluthochdruck und einer Magenschleimhautentzündung einhergeht, macht ihn für Repräsentationsaufgaben und diffizile Verhandlungen denkbar ungeeignet. Gleichwohl spielt er in vielen, typischerweise konservativ geführten Teams, in denen hauptsächlich Routineaufgaben erledigt werden und weniger kreative Lösungen gefordert sind, eine wichtige Rolle: Er ist der Kapo, über dessen Emotionalität und unberechenbare Reizbarkeit zwar viele den Kopf schütteln, der aber seine Kontrollaufgaben meist gut bewältigt.

→ Im Arbeitsalltag

Freundlichkeit, Zurückhaltung, Höflichkeit sind seine Sache nicht. Sein Umgangston ist grob und rauh, und er liebt eine kräftige und saftige Ausdrucksweise. Auch ohne fortgeschrittene Kenntnisse in der Psychoanalyse vermuten viele Mitarbeiter ganz zu Recht, dass hinter der harten Schale oft nicht nur ein weicher Kern steckt, sondern dass sich darunter eine riesengroße Anhäufung unverarbeiteter Kindheitstraumata, Enttäuschungen, Verletzungen und daraus entstandener Komplexe verbirgt, die nicht allein auf das Ödipusthema zurückzuführen sind. Trotz allen Verständnisses ist seine Umgangsart nur schwer zu ertragen, da es in aller Regel laut und heftig zugeht. Statt vernünftig zu argumentieren und Fehler sachlich zu besprechen, sorgt der *Alouatta horrisonus* durch sein Gebrüll für ein Klima der Angst, das die Kollegen zu besseren Leistungen anstacheln soll.

→ Stärken und Schwächen

Seine Stärke ist nur scheinbar eine Stärke. Hinter dem lauten und aufbrausenden Naturell verbergen sich häufig Ratlosigkeit, mangelhafte Qualifikation und Selbstzweifel. Zudem zeigt sich oft die Richtigkeit des Satzes: »Wer schreit, hat unrecht.«

Persönliche Stärken, die Ihnen bei Brüllaffen nutzen: Ruhe bewahren und auf Durchzug schalten.

Persönliche Schwächen, die Ihnen bei Brüllaffen schaden: Nervosität, Ängstlichkeit und Unsicherheit.

→ Freunde und Feinde

Kollegen, die ihm freundschaftlich oder zumindest kameradschaftlich zugetan wären, gibt es in aller Regel nicht. Der Löwenkönig benützt ihn oder lässt ihn gewähren, weil er sich nicht auf sein Niveau begeben will. Die Teamameise und die Arbeitsbiene fürchten und verachten den groben Kerl.

→ **Körperhaltung und Bewegungsablauf**

Angespannt, immer auf dem Sprung und oft heftig nach Luft schnappend.

»*Immer volle Dröhnung.*«

→ **Heimliche Ziele**

Der Brüllaffe wünscht sich nur eins, dass alle endlich nach seiner Pfeife tanzen – und keiner aus der Reihe fällt!

→ **Kommunikationsstrategie und Pflegetipp**

Manchmal können beschwichtigende Worte und Formulierungen den verbalen Amoklauf stoppen. Dies gelingt am besten, wenn das ganze Team den Kapo in einer ruhigen Minute auf sein unmögliches Verhalten aufmerksam macht. Oft jedoch können wir uns dadurch kaum aus der defensiven Lage befreien, in die uns Brüllaffen bugsieren. Häufiger hilft deshalb nur, Gleiches mit Gleichem zu vergelten. Das ist höchst unangenehm und bringt uns in die Lage, selbst laut werden zu müssen. Nicht wenige Brüllaffen lassen sich aber gerade dadurch beeindrucken und versuchen künftig ihren Ton zu mäßigen. Ganz einfach: Wenn der oder die Beschimpfte/n in derselben Lautstärke auftreten, kann es für den Brüllaffen peinlich werden. Und da sich hinter seiner scheinbaren Stärke oft heimliche Schwäche verbirgt, weicht er solchen Konfliktsituationen gerne aus. Wohltuenden Einfluss haben überdies oft die weiblichen Mitarbeiter, die schon so manchen Brüllaffen domestizieren konnten.

BÜCKLING
(Harengula clupeola)

»Alles ist Chefsache!«

→ Vorkommen

Steckbrief

- Falsch
- Devot
- Heuchlerisch
- Illoyal
- Charakterlos

Nach seiner Klassifizierung zählt der Bückling zu den sogenannten »falschen Heringen«. Das darf nicht verwundern, denn er ist falsch, falsch im tiefsten Grunde seines Wesens. Falsch sind seine Komplimente und Versprechungen, seine Zunge und sogar sein Händedruck. Sein Vorkommen steht in Relation zur Höhe des Wasserdrucks, der auf einem Schwarm lastet. Je höher der Druck, d. h. je ausgeprägter die Hierarchie im Unternehmen ist, desto mehr breitet sich diese Spezies aus, die buckelt und dient, aber kaum zur Produktivität beiträgt.

→ Typische Position im Team

Ist der Bückling intelligent und qualifiziert, kann er es weit bringen, weil sich manche Führungskräfte gerne zumindest einen Speichellecker halten. Bei all dem Konkurrenzdruck in diesen Höhen tut es gut, einen Mitarbeiter zu haben, der nie widerspricht, scheinbar grenzenlose Sympathie hegt und für alles, was man unternimmt, nur bewundernde Äußerungen hat. Kaum bekannt ist der *Harengula clupeola* dagegen in Unternehmen mit flachen Hierarchien, in denen es eher auf Kreativität und Eigeninitiative ankommt – und schon gar nicht in den postmodernen »Pizza-Connections« der Computerindustrie, wo Anreden wie »Hey, Alter« oder zumindest das penetrante »Du« im Kollegenkreis Mode geworden sind. Hier liegt der Bückling auf dem Trockenen.

→ Im Arbeitsalltag

Zu finden ist der Bückling schnell: Die meiste Zeit schnürt er um seinen Vorgesetzten herum, denn sein Lebensglück besteht ausschließlich darin, dieselbe Luft wie sein Chef zu atmen.

Deshalb verdingt er sich liebend gerne als Zuträger von Gerüchten, »Firmengeheimnissen« und Tratsch. Das Spionieren gehört zu seinen liebsten Beschäftigungen. Es soll Bücklinge geben, die ihrem Meister selbst auf das »stille Örtchen« folgen. Es könnte ja sein, dass eine Belobigung für sie abfällt. Dazu übernimmt der *Harengula clupeola* jede Aufgabe, und sei sie auch noch so unangenehm. Ein wahrer Diener seines Herrn!

→ Stärken und Schwächen

Zu den Stärken, die das Überleben des Bücklings sichern, zählen seine Anpassungsfähigkeit und ein hohes Maß an Selbstverleugnung, die keine gewöhnlichen Charaktereigenschaften wie Selbstachtung oder Stolz neben sich duldet. Was wirklich zählt im Arbeitsleben des Bücklings, ist der Wunsch des Chefs. Alles andere kann er vernachlässigen, selbst die eigenen Pläne und Ziele. Nein, das ist mehr als Loyalität, das ist fischige Schmerzunempfindlichkeit!

Sein grenzenlos übersteigertes Unterordnungsbedürfnis lässt ihn jedoch häufig übersehen, dass seine sklavische Existenz an Wohl und Wehe des Chefs gebunden ist. Erweist sich dieser in entscheidenden Situationen als schwach oder verliert er gar seine Position, ist es auch schnell um den Bückling geschehen. Und selbst wenn er klug ist und sich innerlich auf eine derartige Situation vorbereitet hat, nimmt niemand mehr auch nur ein Stück Brot von ihm.

»Ich will Ihnen keine Vorschriften machen, um Gottes willen, ich kann mir nur vorstellen, dass der Chef die Sache so und so sieht...«

Persönliche Stärken, die Ihnen bei Bücklingen nutzen:
Wer unbeeindruckt, zielorientiert und konsequent seine Aufgaben erledigt, hat von Bücklingen kaum etwas zu fürchten. Nützlich kann ein Pokerface sein, das die Verachtung für sein Treiben verbirgt.

Persönliche Schwächen, die Ihnen bei Bücklingen schaden:
Ein Zuviel an Gerechtigkeitsgefühl und eine erhöhte Empfindlichkeit für Charakterlosigkeit und Selbstverleugnung können zu emotionalen Reaktionen gegenüber dem Bückling führen. Sie sind nutzlos – und schaden nur.

➜ Freunde und Feinde

Ein Bückling hat keine Freunde. Selbst richtige Feinde hat er nicht, eher viele, die ihn einfach nur verachten.

➜ Körperhaltung und Bewegungsablauf

Gebückt, eingezogene Schultern, gekrümmter Rücken, schleichende Bewegungen. Schnell ist er nur, wenn sich auch der Chef schnell bewegt.

➜ Heimliche Ziele

Sein ganzes Trachten und Streben zielt nur auf eines ab: »Der Chef liebt mich.«

➜ Kommunikationsstrategie und Pflegetipp

Schwimmen Sie einem falschen Hering so gut Sie können aus dem Weg und zerbrechen Sie sich nicht den Kopf über die Ursachen seines Verhaltens. Vor allem aber: Ziehen Sie einen Bückling niemals ins Vertrauen und plaudern Sie niemals Dinge von Bedeutung über sich und andere aus.

EINSIEDLERKREBS
(Pagurus bernhardus)

»Ich höre Ihnen zu …«

→ Vorkommen

Einsiedlerkrebse gibt es überall. Dabei handelt es sich um die introvertiertesten Kollegen, die wir uns vorstellen können. Wenn andere über ihre Arbeit sprechen oder den neuesten Bürotratsch austauschen, halten sich Einsiedlerkrebse grundsätzlich zurück. Sie sind nicht gerade mitteilsam und können besonders Fragen nach dem eigenen Befinden nicht ausstehen. *Pagurus bernhardus* kommt sogar in Kommunikationsberufen vor, dann aber hinter der Kamera oder am Mischpult. Als Talkshowmoderatorin oder gar Politiker, bei denen es immer weniger auf genaue Kenntnisse als vielmehr auf eine flotte Zunge ankommt, ist er gänzlich ungeeignet.

→ Typische Position im Team

Da wir heutzutage unsere Qualifikationen und Leistungen im richtigen Licht erscheinen lassen müssen, haben es Einsiedlerkrebse schwer, gute Positionen zu erreichen. Schon in Bewerbungsgesprächen fällt auf, dass sie lieber zuhören als sich in Szene zu setzen. Das macht ihnen oft schon den Einstieg in eine Berufslaufbahn schwer, obwohl mancher *Pagurus bernhardus* mehr zu sagen hätte als viele Dauerschwätzer.

→ Im Arbeitsalltag

In unserer Welt der Selbstdarsteller und Profilneurotiker fällt ein Einsiedlerkrebs auf. Bemerkungen wie »Hast du gesehen, wie schnell ich das Problem gelöst habe?« werden wir nie von ihm hören. Er ist äußerst zurückhaltend und vorsichtig mit seinen Äußerungen. Wird er etwas gefragt, dann überlegt er, wägt ab, denkt nochmals nach und gibt dann eventuell eine Antwort. Manche Kollegen – besonders die Selbstdarsteller – verwechseln seine Zurückhaltung mit Nichtwissen oder Unsicherheit. Falsch!

Es gibt Einsiedlerkrebse, die, wenn es darauf ankäme, alle Kollegen mitsamt dem Chef in die Tasche stecken würden, aber sie leben nach dem vierstufigen Prinzip: »Erst denken, dann prüfen, dann handeln, dann reden.« Häufig stellen sie hohe Ansprüche an die eigene Leistung und sind mit dem Erreichten nicht zufrieden.

→ Stärken und Schwächen

Stärken:
- Analytischer Verstand
- Rationalität
- Selbstreflexion
- Tiefgang

Schwächen:
- Mangelnde Kommunikationsfähigkeit
- Defizite in der Selbstpräsentation

Persönliche Stärken, die Ihnen bei Einsiedlerkrebsen nutzen: Einfühlungsvermögen und soziale Kompetenz, Bedachtsamkeit, Beurteilungsvermögen und Menschenkenntnis.

Persönliche Schwächen, die Ihnen bei Einsiedlerkrebsen schaden: Oberflächlichkeit, Geschwätzigkeit, Prahlerei.

»Erst denken, dann prüfen, dann handeln, dann reden.«

→ **Freunde und Feinde**

Freunde sind Kollegen mit sozialer Kompetenz und Einfühlungsvermögen. Als Feinde kristallisieren sich penetrante Dauerschwätzer, Selbstdarsteller und Karrieristen heraus; für diese bilden Einsiedlerkrebse häufig ein Ziel für Spott, dumme Bemerkungen und Geringschätzung.

→ **Körperhaltung und Bewegungsablauf**

Zurückhaltend, ruhig, auf Abstand zu anderen bedacht, manchmal abweisend.

→ **Heimliche Ziele**

Sein größter Wunsch ist es, immer in Ruhe und Konzentration die Arbeit erledigen können.

→ **Kommunikationsstrategie und Pflegetipp**

Der Einsiedlerkrebs weist Kollegen, die ihm menschlich zu nahe kommen wollen, meist weit von sich. Dabei mögen schlechte Erfahrungen eine Rolle spielen, in der Regel aber ist es sein Wesen, das ihn von Natur aus vorsichtig und zurückhaltend sein lässt. Damit sollten wir es bewenden lassen und einsehen, dass er einfach nicht anders kann. »Knacken« können wir seine rauhe und harte Schale nur dann, wenn wir viele Jahre mit ihm zusammenarbeiten und uns wert genug erweisen, dass er sich langsam öffnet. Dann kann er zum wertvollsten Kollegen und vielleicht sogar zu einem Freund fürs Leben werden.

FAULTIER

(Folivorum philosophiae)

»In der Ruhe liegt die Kraft.«

→ Vorkommen

Faultiere findet man in der modernen Arbeitswelt kaum noch. Das ist nicht verwunderlich, rufen doch Politiker und Wirtschaftsverbände ständig nach dem mobilen, flexiblen, überall verwendbaren und stets einsatzbereiten Arbeitnehmer und jubeln Jahr für Jahr über die immer geringer werdende Zahl an durchschnittlichen Krankheitstagen pro Beschäftigten. Diese Umstände haben die Art selten werden lassen. Trotzdem gibt es das Faultier nach wie vor, in manchem Betrieb und in mancher Behörde. Offiziell befindet es sich zwar auf der »Roten Liste« der aussterbenden Arten – aber nur offiziell.

→ Typische Position im Team

Das Faultier kann viele Posten bekleiden; böse Zungen behaupten jedoch, dass es gern eine Karriere im Staatsdienst einschlägt, wo die Arbeitsverhältnisse in der Regel von Haus aus nicht so hektisch sind wie in der privaten Wirtschaft. Doch auch in manchen Unternehmen trifft man auf ein *Folivorum*, das es sich in gut besetzten Teams eingerichtet hat. Erst nach einiger Zeit übrigens wird es zum *Folivorum philosophiae*, da es nur in der ständigen Auseinandersetzung mit dem Gegensatz zwischen Arbeit und Muße seine geistige Grundeinstellung vervollkommnen kann.

→ Im Arbeitsalltag

Einerseits das Bewusstsein, Dinge erledigen zu müssen, und andererseits die Sehnsucht nach Muße, um ungestört philosophieren zu können – das macht das Wesen eines *Folivorum philosophiae* aus. Demzufolge leidet das Faultier unter den starren Regeln der Arbeitsorganisation; sein innerstes Wesen lehnt sich gegen jede Forderung auf, eine Aufgabe bis zu einem festgelegten Termin zu erledigen, wofür weder seine Vorgesetzten noch seine Kollegen Verständnis haben. Geldverdienen und Konsum sind für das Faultier beileibe nicht die wichtigsten Dinge, und die Arbeit zum Hauptzweck seiner Existenz zu machen liegt ihm fern. Obwohl es zu den intelligentesten Mitarbeitern gehört, kann das Faultier seine Fähigkeiten jedoch selten in materiellen Gewinn oder Karrierevorteile ummünzen, da ihm der klare Blick für die Notwendigkeit fehlt, einen Auftrag erwartungsgemäß auszuführen.

→ Stärken und Schwächen

Weitsichtige Vorgesetzte setzen das Faultier dort ein, wo es gilt, Ideen zu entwickeln, denn geistige Kreativität, Fantasie und Ideenreichtum gehören zweifellos zu seinen Stärken. Eine solche Position fordert es heraus, da es nicht in vorgegebenen Bahnen denken muss und eigene Entwicklungen vorantreiben kann. Alles andere ist ihm zuwider. Da jedoch kein Wesenszug stärker in ihm ausgebildet ist als die Sehnsucht, in aller Ruhe zu »brüten«, sollte niemand mit schnellen Ergebnissen rechnen.

Die größte Schwäche eines Faultiers, die es selbst allerdings für seine größte Stärke hält, ist sein absolut introvertierter Charakter. Es ist total auf sich und seine eigene Befindlichkeit konzentriert und kann vor der Welt die Augen verschließen. Hektisch und fieberhaft arbeitende Kollegen? Ein laut bellender Chef? Eine böse Reklamation und verärgerte Kunden? Sei's drum, erst einmal nachdenken. Diese Haltung kann manchmal dazu führen, dass sein Arbeitsplatz wegrationalisiert wird.

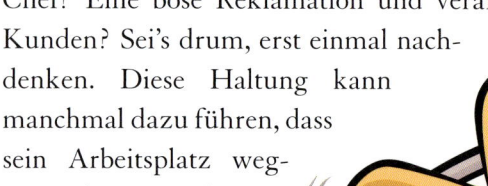

Persönliche Stärken, die Ihnen bei Faultieren nutzen: Ein *Folivorum philosophiae* muss man richtig zu nehmen wissen. Seine Art, Dinge kritisch zu hinterfragen und von einem ungewöhnlichen Blickwinkel aus zu betrachten, sollte man nie persönlich nehmen. Deshalb sind Geduld und die Fähigkeit gefragt, mit seiner kreativen Stärke zu arbeiten. Dies gilt sowohl für Kollegen als auch für Vorgesetzte.

Persönliche Schwächen, die Ihnen bei Faultieren schaden: Ungeduld und der Versuch, Druck aufzubauen, sind von vornherein zum Scheitern verurteilt. Mangelnde Flexibilität und Verständnislosigkeit gegenüber seiner Haltung führen nur dazu, dass sich das Faultier in sich zurückzieht.

→ **Freunde und Feinde**

Der Brüllaffe als Kapo, der Leithammel und der Platzhirsch können das Faultier nicht leiden, weil es effiziente Arbeitsabläufe durch sein Verhalten torpediert. Arbeitstiere wie Biene und Ameise zucken nur noch mit den Schultern, weil sie schon längst an seiner Unzuverlässigkeit verzweifelt sind. Der Bückling verachtet es und kann nicht verstehen, dass ein Kollege mit derartigen Talenten und Qualifikationen nicht mehr aus sich macht, und dem Vorzimmerdrachen schwillt der Kamm, weil er den Chef häufig leise fluchen hört, wenn das Faultier seine Termine wieder einmal nicht halten konnte.

→ Körperhaltung und Bewegungsablauf

Energiesparend und betont ruhig. Man sieht das Faultier oft in einer Ecke sitzen, wo es angestrengt mit Nachdenken beschäftigt ist.

→ Heimliche Ziele

Eine Hängematte zwischen zwei Palmen auf einer einsamen Insel und unendlich viel Zeit für die Philosophie und die eingehende Betrachtung des inneren Wesens aller Dinge.

> »Müßiggang ist allen Geistes Anfang.«

(Das Zitat wird dem österreichischen Schriftsteller Franz Werfel zugeschrieben.)

→ Kommunikationsstrategie und Pflegetipp

Die Integration eines Faultiers in ein Team gehört zu den schwierigsten Aufgaben. Häufig muss man sich fragen, ob diese Art nicht eher dazu geeignet ist, als Freiberufler oder selbstständiger Unternehmer tätig zu sein. Dort könnte es sein Kreativpotenzial ausleben und mit eigenen Ideen und Projekten erfolgreich sein. Bedauerlicherweise haben Faultiere in solchen Positionen jedoch häufig Probleme mit Selbstorganisation und

Zeitmanagement, ganz zu schweigen von der Aufgabe, die »Bücher« ordentlich zu führen.

Den meisten Faultieren bleibt also nichts anderes übrig, als ihr Kreativpotenzial in das eigene Team einzubringen. Dazu überträgt man ihm die härtesten Nüsse, z. B. strategische Fragen, an denen sich bisher viele die Zähne ausgebissen haben.

Das Philosophen-Faultier

Eine noch seltenere Unterart dieser Spezies ist das Philosophen-Faultier, das es mit seinen griechischen Urahnen wie Sophokles oder Sokrates hält. Sophokles erklärte lapidar: »Wer Großes vorhat, lässt sich gerne Zeit«, und Sokrates ergänzte: »Muße ist der schönste Besitz von allen.« Kennen Sie einen Kollegen, der sich frank und frei zu einer solch tiefschürfenden philosophischen Weisheit bekennen würde? Wohl kaum, denn heutzutage darf niemand mehr eine solch gesunde Lebenshaltung eingestehen.

FIRMENPFAU

(Pavo commissi)

»*Haben Sie heute Abend
schon etwas vor, Frau Kollegin?*«

→ Vorkommen

Kaum ein Büro oder eine Arbeitstelle, an der es keinen Firmenpfau gibt. Er ist der buchstäbliche »Hahn im Korb« der häufig zahlreich vorhandenen Küken und Legehennen – und daher männlichen Geschlechts.

→ Typische Position im Team

Nicht zwangsläufig gehört der *Pavo commissi* zur Führungscrew des Unternehmens oder der Behörde. Häufig genug tummelt er sich eher in den unteren oder mittleren Chargen, denn sein Sinnen und Streben richtet sich stärker auf die Bewunderung seines schillernden Äußeren als auf die viel besungenen »inneren Werte« oder auf die Karriere. Im Gegenteil: Wer ein richtiger Chef ist, den nerven manchmal die stummen und schmachtenden Blicke, die dem Kollegen von der weiblichen Mitarbeiterschar zuteilwerden, und er schnaubt in einem geheimen Winkel seines Büros verächtlich über glibberig gegeltes Haupthaar und glitzernde Panzerkettchen im offenen Hemdkragen.

→ Im Arbeitsalltag

Sein Verhalten am Arbeitsplatz ist in aller Regel von einer durchaus friedlichen Haltung geprägt – es sei denn, sein strahlendes Zahnpastalächeln wird von den Kollegen, besonders aber von Kolleginnen, geflissentlich oder notorisch ignoriert. Dann kann er beleidigt reagieren oder sich eine aufgesetzte und nicht ganz ernst zu nehmende Arroganz zulegen – nach dem Motto: »Du weißt ja gar nicht, was du alles versäumst« … Firmenpfaue, die beruflichen Ehrgeiz entwickeln und ihr Sinnen und Streben mit der Zeit auf besser dotierte Positionen richten, können überdies ziemlich unangenehme Zeitgenossen werden, da sie ihren Anspruch auf die Bewunderung des anderen Geschlechts für ihre äußeren Reize auch auf ihre beruflichen Leistungen übertragen.

→ Stärken und Schwächen

Zu seinen Stärken zählen zumeist ein ausgeprägtes Selbstbewusstsein und eine gewisse Lässigkeit, die aus den überwiegend positiven Reaktionen der weiblichen Umwelt resultieren. Außerdem verfügt er über einen fantastischen Spürsinn, der ihn immer exakt an den Ort in der Firma führt, an dem just in diesem Moment ein verlockendes Röckchen weht oder sich die Trägerin einer attraktiven Bluse zeigt.

Zugleich ergeben sich hieraus aber auch seine Schwächen. Er ist schrecklich eingebildet, neigt sogar zu Narzissmus und Selbstüberhebung und – falls er keinen großen Wert auf Karriere und berufliches Prestige legt – nimmt es mit der ihm aufgetragenen Arbeit häufig nicht so genau.

Persönliche Stärken, die Ihnen bei einem Firmenpfau nutzen: Sachlichkeit und eine gute Beobachtungsgabe.

Persönliche Schwächen, die Ihnen bei einem Firmenpfau schaden: Spott, Ironie und ein Witz an der falschen Stelle. Auch zu viel Neugier kann schaden.

»Hallo, ich rufe an, weil ich unbedingt mit Ihnen flirten muss.«

→ Freunde und Feinde

Wer mit seinem guten Aussehen punktet, hat nicht immer viele Freunde. Etwas Sympathie für den Firmenpfau bringt deshalb lediglich das Faultier auf. Der Typ ist doch »so richtig lässig« und nimmt nicht immer alles so ernst. Zudem kann man angesichts des Pfaus über die Vergänglichkeit des Schönen philosophieren und nur darauf warten, dass ihm die ersten Federn ausfallen.

Seine Feinde? Na ja, die Kollegenhyäne ignoriert ihn, der Vorzimmerdrachen findet ihn eher albern und lästig. Ebenso ergeht es ihm bei allen Kollegen mit betont männlicher Attitüde wie dem Kampfstier und dem Frustnashorn. Vor der Marketingmieze allerdings muss er auf der Hut sein, da ein geschlagenes Rad in ihrer Umgebung den Herrn und Meister auf den Plan rufen kann. Bestenfalls kann er ein »Putzig!« ernten. Ebenso vorsichtig muss er beim Platzhirsch sein, der ein Abteilungsleiter sein kann, auch wenn dieser weniger die Brunft, sondern eher eine neutrale und effiziente Personalführung im Auge hat und zwischen den Mitarbeitern deshalb Flirts und jegliche erotische Zwischentöne verabscheut.

»Genießen, genießen um jeden Preis, denn man weiß nie, wann man das letzte Rad schlagen kann.«

→ Körperhaltung und Bewegungsablauf

Von Körpersprache versteht er jede Menge. Als »Frauenversteher« kann er sich gekonnt in Szene setzen, und wenn seine Kolleginnen dahinschmelzen, fühlt er sich wohl, denn er will und muss bewundert werden. Sein Gang ist aufrecht, stolz und zugleich lässig. Und wenn er sein Rad schlägt, tut er das mit einer unvergleichlichen Eleganz, die jeweils auf den Typ der Umworbenen abgestimmt ist.

→ Heimliche Ziele

Seine Gedanken drehen sich nur um eines: nie die Fähigkeit zu verlieren, alle Blicke auf sich zu ziehen, und – Räder zu schlagen bis zum Abwinken…

→ Kommunikationsstrategie und Pflegetipp

Als Kollegin eines *Pavo commissi* könnte es nützlich sein, eine möglichst neutrale Position zu beziehen, um nicht Gegenstand von Büroklatsch zu werden. Manchmal müssen auch klare Grenzen gezogen werden. Falls er diese nicht respektiert, hilft vielleicht eine gesalzene Prise Ironie im Kollegenkreis. Männliche Kollegen haben kaum Probleme mit einem Firmenpfau, außer er vernachlässigt seine Pflichten. Dann heißt das Gebot: zur Ordnung rufen.

TO DO:

* Frau Maier aus dem Marketing zum Mittagessen einladen

* Hemden frisch aufbügeln lassen

* Beim nächsten Geschäftstermin in München Shoppingtour in der Maximilianstraße (Armanianzug!)

* Friseurtermin für nächste Woche Montag einplanen, danach Maniküre und Sonnenbad

* Vertrag für die Fitnesscenter verlängern und Muskeltraining verstärken

* Die Skihütte für nächsten Silvester buchen. Doppelzimmer mit Susi, Heidi oder Lilli

Frustnashorn
(Rhinoceros desperationis)

»Es ist doch eh alles umsonst!«

→ Vorkommen

Rhinoceros desperationis kommt häufig an Arbeitsplätzen mit einem hohen Routineanteil in den Abläufen und relativ geringen intellektuellen Anforderungen vor. Ebenso häufig treffen wir Frustnashörner in Arbeitsbereichen, für

die ihre vergleichsweise gute Qualifikation und Ausbildung eigentlich nicht erforderlich ist. Daher ist es nicht überraschend, die Art vorwiegend auf den flachen Savannenebenen und demgemäß in vielen Amtsstuben und Lehrerzimmern, aber auch in Zeitungshäusern und Medienanstalten vorzufinden.

→ Typische Position im Team

Frustnashörner nehmen typischerweise eine gleichrangige Stellung unter einer Gruppe von Mitarbeitern ein oder verrichten subalterne Tätigkeiten. Eher die Ausnahme ist es, wenn sie trotz ihres aufbrausenden und wenig sozialverträglichen Wesens in eine Führungsposition gelangt sind.

→ Im Arbeitsalltag

Vorsicht! Ein Frustnashorn gehört zu den Arten im Kollegenzoo, denen unbedingt Respekt gezollt werden sollte. Im Zweifelsfall also lieber Abstand halten! Seine hervorstechenden Charakterzüge sind seine Unberechenbarkeit und Launenhaftigkeit, die von einer Sekunde auf die andere einen hellen Sommersonnentag in ein schwarzes Gewitterchaos verwandeln können – meist ohne jede Vorwarnung. Überdies ist die nähere Ursache für einen Jähzornsausbruch nur sehr selten festzustellen. In vielen Fällen liegt jedoch entweder eine Überforderung oder eine Unterforderung dieser an sich gutmütigen Art vor: Frustnashörner können einerseits schlecht »nein« sagen, und ihre Vorgesetzten neigen deshalb dazu, ihnen zu viele Aufgaben aufzuhalsen. Andererseits kann es sich auch um eine Unterforderung handeln, die sich daraus ergibt, dass überwiegend Routinearbeiten erledigt werden müssen, die keinen Platz für schöpferische Pausen und Eigeninitiative lassen. Einerlei: Beides kann zu einem ungeheuren emotionalen Stau führen, der sich immer mal wieder explosionsartig entladen muss.

→ **Stärken und Schwächen**

Hier gilt sprichwörtlich: »harte Schale – weicher Kern.« Die entscheidenden Stärken eines *Rhinoceros desperationis* sind jedoch seine Gutmütigkeit und Stetigkeit – auch wenn dies zunächst als Paradoxon erscheinen mag. Wird es nicht gereizt und nicht über- oder unterfordert, kann es zu einem der wertvollsten Kollegen im Gehege werden.

Bedauerlicherweise aber stolpert diese Art allzu häufig über die eigenen Wutausbrüche und legt sich immer wieder Steine in den Weg – besonders bei Vorgesetzten, deren Verständnis für emotionale Höhenflüge natürlicherweise begrenzt ist.

→ **Freunde und Feinde**

Ein Frustnashorn braucht Freunde, die es ehrlich meinen und die auch einmal Nachsicht walten lassen und verzeihen können. Der Einsiedlerkrebs und das Faultier gehören dazu, auch wenn sie manchmal ganz schön genervt sind. Die Kollegenhyäne führt das Frustnashorn hingegen ganz oben auf ihrer schwarzen Liste, weil sie sich nie sicher ausrechnen kann, wie das Nashorn reagiert. Außerdem hat das Nashorn mit Intrigen, geheimen Absprachen und allen sonstigen Winkelzügen nichts am Hut.

»Was ich Ihnen schon immer einmal sagen wollte. Jetzt muss es heraus ...!«

Persönliche Stärken, die Ihnen bei Frustnashörnern nutzen: ein ausgeglichenes und ruhiges Naturell. Unempfindlichkeit gegen Lärmattacken.

Persönliche Schwächen, die Ihnen bei Frustnashörnern schaden: eine Neigung zum Spötteln und Kritisieren sowie ein mangelndes Gefühl für gerechte Arbeitsverteilung, menschliche Fairness, Belastbarkeit und Unehrlichkeit.

→ Körperhaltung und Bewegungsablauf

Sehr ambivalent: In normalen Zeiten wirkt es wie ein typischer Dickhäuter – ein wenig schwerfällig und stoisch. Ein Bild der Ruhe und des Friedens. Während einer Explosion jedoch scheint es an Körperumfang zuzunehmen und poltert wie eine rasende Büffelherde durchs Büro. Die Augen weiten sich, alle Muskeln sind zum Zerreißen gespannt, die Adern schwellen.

→ Heimliche Ziele

Mehr Ausgeglichenheit und manchmal eine große Portion eines kultivierten »Sie-können-mich-mal …«-Gefühls.

→ Kommunikationsstrategie und Pflegetipp

Ein Frustnashorn benötigt Verständnis und die Motivation, auch wirklich hinter die Kulissen schauen zu wollen. Dazu ist besonders Geduld erforderlich.

Manchmal gelingt es, Vertreter dieser Kollegenart zu wertvollen Mitstreitern der eigenen Sache zu machen.

GOTTESANBETERIN
(Mantis religiosa)

*»Unsere Arbeitsordnung
gibt vor, dass ... «*

→ Vorkommen

Die *Mantis religiosa* steht auf der Liste der bedrohten Arten, denn sie zählt zu jenen Bürovorsteherinnen, die noch aus den ehrwürdigen Zeiten der ersten wirtschaftlichen Organisation stammen. Sie leitet eine Gruppe von Stenotypistinnen, steht der klassischen Buchhaltung vor oder beaufsichtigt eine Jungfrauenschar in der Textilproduktion. Im heutigen Berufsleben finden wir sie auch als Leiterin eines Callcenters, das für seine Kunden Marktanalysen und Recherchen übernimmt.

→ Typische Position im Team

Sie ist Vorgesetzte einer Abteilung und lässt daran keinen Zweifel. Ihre Arbeitsvorgaben und Anweisungen sind klar und unmissverständlich. Ihre Mitarbeiter führt sie methodisch und mit strenger, aber gerechter Hand; alle anfallenden Arbeiten werden zügig und zuverlässig erledigt. Niemand wird ihr jemals Nachlässigkeit unterstellen können.

→ Im Arbeitsalltag

Die *Mantis religiosa* hat einen eindeutigen Auftrag: Sie sichert die Produktion und die Qualität eines Erzeugnisses, die Erbringung einer Dienstleistung oder die Administration von genau definierten Arbeitsabläufen. Diese Aufgabe erfüllt sie jedoch nicht allein für sich selbst, sondern in erster Linie für den Chef. Der Inhaber, der Vorstandsvorsitzende, der Geschäftsführer, der Behördenleiter, kurzum der Boss der Bosse – das ist für sie der »Gottgleiche«, dessen Gebote sie sich zu eigen gemacht hat.

Für ihre aufopferungsvolle Loyalität erwartet sie jedoch dasselbe unverbrüchliche Vertrauen in die Qualität und Stetigkeit ihrer Arbeit und noch etwas mehr – ohne dass sie sich dies offen eingestehen würde: eine Form der platonischen Zuneigung, die ihre Natur als Fangschrecke aufs tiefste befriedigt, denn insgeheim will sie den Chef »besitzen«. Wehe aber, wenn der Gottgleiche diese Loyalität vermissen lässt und sie nicht mit dem geschuldeten Respekt behandelt. Dann wird sie zur rachsüchtigsten Feindin und verschlingt das unbotmäßige »Männchen«.

> »Ich bin ihm treu ergeben, verlange aber die gleiche Treue.«

→ Stärken und Schwächen

Ihre Mitarbeiter führt die Gottesanbeterin mit methodischer Strenge und klaren Vorgaben. Sie hat einen analytischen Verstand und arbeitet systematisch darauf hin, zuvor festgelegte Ziele zu erreichen. Dabei ist sie gerecht und achtet darauf, dass niemand den anderen übervorteilt. Ihre bedingungslose Treue zum Unternehmensleiter und zu einem übergeordneten Ziel machen sie in allen Entscheidungen sicher und zuversichtlich.

Sie kann ungeheuer rachsüchtig und nachtragend sein, wenn sie Zweifel an der Loyalität ihres Chefs hat oder diese verliert. Dafür besitzt sie ein feines Sensorium, das jede Stimmungsschwankung und jedes Wort »zwischen den Zeilen« aufmerksam registriert. Dann verwandeln sich die überaus positiven Anlagen der Gottesanbeterin in grausame und unerbittliche Züge.

→ Freunde und Feinde

In ihrer sozialen Form ist sie mit allen gut Freund, die sie bei ihrer Arbeit unterstützen. Dabei sollten wir nicht von Freundschaft, sondern eher von Kameradschaft sprechen, da sie normalerweise

Persönliche Stärken, die Ihnen bei Gottes-anbeterinnen nutzen: Zuverlässigkeit, Ergebenheit, Loyalität, Fleiß, Arbeitseinsatz.

Persönliche Schwächen, die Ihnen bei Gottes-anbeterinnen schaden: Faulheit und Drückebergerei, ein Zuviel an Eigeninitiative, Illoyalität.

zu Mitarbeitern eine gewisse Distanz hält und nur zum Chef ein inniges, doch nie offen zur Schau getragenes Verhältnis pflegt. Mit großer Eifersucht kann sie auf den Vorzimmerdrachen reagieren, wenn sie Grund zur Annahme hat, dass dieser zu großen Anteil an den Angelegenheiten des Chefs nimmt.

→ Körperhaltung und Bewegungsablauf

Sie ist ruhig, langsam in ihrem Bewegungsablauf und verharrt lange in einer Position. Wenn es erforderlich ist, kann sie blitzschnell zuschlagen.

→ Kommunikationsstrategie und Pflegetipp

Für alle Chefs gilt, dass die *Mantis religiosa* eine fast perfekte und loyale Vorgesetzte in der mittleren Führungsebene ist. In ihren Leistungen muss sie jedoch ständig bestätigt werden, sonst kann sich Loyalität zu Kritik am Chef wandeln. Für untergeordnete Mitarbeiter gilt oft ein wenig schmeichelhaftes »Mund halten und arbeiten.«

Mein Ziel: Der Chef möge immer verstehen, dass ich stets das Beste für ihn will.

KAMPFSTIER
(Taurus pugnae)

*»Machen Sie das
          ja nicht noch einmal!«*

→ Vorkommen

Schon in der Schule gehörte er zu jenen, die niemals einem Händel oder einer Rauferei ausgewichen sind. Im Gegenteil: Er suchte den Streit. Er legte sich mit allen an – mit unterlegenen und kräftigeren Mitschülern und verbal auch mit Lehrern. Der *Taurus pugnae* hat die Streitlust im Blut, und es ist ihm auch heute noch ziemlich egal, ob er bei einer Auseinandersetzung eigene Blessuren riskiert. Natürlich geht es am Arbeitsplatz nicht mehr um körperliche, dafür aber umso heftiger um verbale Raufereien. Nur Unerfahrene vermuten übrigens, dass ihn sein Charakter für gehobene Stellungen in angesehenen Berufen ungeeignet macht. Denken Sie nur an einen streiterprobten Rechtsanwalt.

→ Typische Position im Team

Häufig hat es der *Taurus pugnae* geschafft, sich in eine führende Stellung durchzuboxen. Selten allerdings bekleidet er eine exponierte Position an der Spitze eines Unternehmens, einer Behörde oder Institution. Dazu ist er zu unbeherrscht, dazu wirkt er zu aggressiv, zu ungestüm und zu wenig telegen. Da er aber niemals klein beigeben kann und einen gleichgestellten Kollegen nur äußerst selten auch als gleichberechtigt akzeptiert, hat er so lange geschuftet, bis er die Leitung einer Abteilung übertragen bekam. Er ist ehrgeizig und dazu bereit, seine ganze Kraft für seinen beruflichen Erfolg einzusetzen.

→ Im Arbeitsalltag

Die Eleganz einer guten Argumentation fehlt ihm; er ist kein Rhetoriker, sondern ein Kämpfer, der sich meist in lauten Wortgefechten durchzusetzen sucht. Was er für richtig hält, fordert er mit körperlicher Präsenz und nachdrücklichen Gesten ein –

und wenn sich ihm jemand in den Weg stellt, dann können im bildlichen Sinne die Fetzen fliegen. Er tut sich schwer im Umgang mit Menschen und sieht in jedem zuerst einmal den Konkurrenten. Viele Kollegen sind verunsichert, wenn sie einem *Taurus pugnae* erstmals begegnen, und gewöhnen sich erst langsam daran, dass seine verbalen Attacken meist nicht persönlich gemeint sind und sich ausnahmslos gegen alle richten. Sein komplizierter Charakter macht aus einem effizienten Arbeiter zugleich einen Kollegen, der nur schwer zu integrieren ist.

→ Stärken und Schwächen

Stärken:
- Durchsetzungsfähigkeit
- Arbeitseifer
- Ambition
- Kraft und Energie

Schwächen:
- Streitlust und aggressives Verhalten
- Selbstgerechtigkeit
- Uneinsichtigkeit

Persönliche Stärken, die Ihnen bei Kampfstieren nutzen: Im Falle einer Auseinandersetzung sind Geschick und Zivilcourage erforderlich. Einerseits müssen wir dem Kampfstier zu gegebener Zeit die Stirn bieten. Andererseits ist der Streit mit ihm nicht ohne Risiko, da er im Stadium der Gereiztheit Kollegen erheblich aus dem Gleichgewicht bringen kann. Am besten ist es, wenn das gesamte Team das Gespräch mit ihm sucht.

Persönliche Schwächen, die Ihnen bei Kampfstieren schaden: Ein ängstliches Zurückweichen vor seiner verbalen Gewalttätigkeit verbucht er als einen Sieg, der seine Lebenseinstellung scheinbar bestätigt. Diesen Fehler sollte man niemals begehen.

»Niemand schenkt dir etwas. Leben heißt kämpfen.«

→ Freunde und Feinde

Kollegiales Verhalten zeigt er ausschließlich jenen gegenüber, die seinen Anspruch und seine Stellung widerspruchslos akzeptieren und seine aggressiven Launen und Ausfälle hinnehmen. Da er ein extremer und autoritärer Charakter ist, macht er sich viele Feinde.

→ Körperhaltung und Bewegungsablauf

Wenn jemand ein rotes Tuch vor seiner Nase schwenkt, gibt es kein Halten. Im Zustand der Gereiztheit stürmt er nach vorne – und blafft sogar einen Vorgesetzten an.

→ Heimliche Ziele

Der Kampfstier wird von einem Gedanken beherrscht und getrieben: sich immer durchsetzen zu können.

→ Kommunikationsstrategie und Pflegetipp

Es gibt Situationen im Leben, auch im Arbeitsleben, die wir nicht vermeiden können. Hier heißt die Devise »Courage zeigen« und nicht zurückweichen. Zudem sollten wir einen *Taurus pugnae* möglichst früh in die Schranken weisen und die Unmöglichkeit seines Benehmens allen Beteiligten vor Augen führen.

NR.

13

KOLLEGENHYÄNE
(Hyaena administerorum)

»Mir geht es hervorragend,
wenn es den anderen schlecht geht.«

→ Vorkommen

Steckbrief

- Verschlagen
- Böswillig
- Neidisch
- Habsüchtig
- Heuchlerisch

Die Hyäne ist ein Überlebenskünstler. Sie kann Hunger und Durst und viele andere Entbehrungen ertragen. Doch wenn es etwas zu fressen gibt, ist sie sofort zur Stelle. Dabei macht es ihr auch nichts aus, die verschmähten Brocken anderer aufzuschnappen. Sie verfügt über große Energie und haushaltet je nach Großwetterlage perfekt mit ihren Vorräten. Niemand kann ihr wirklich vertrauen; sie ist heimtückisch und richtet sich nur nach dem eigenen Vorteil. Jeder, der mit der Hyäne den neuesten Bürotratsch austauscht, liefert sich auf Gedeih und Verderb aus. Sie benutzt Informationen, um sich selbst in ein gutes Licht zu stellen, und hintertreibt gerne den Aufstieg von Kollegen. Dabei ist sie ein Heimlichtuer und scheut die offene Aussprache. Zum Chef hält sie engen Kontakt, und wenn er schwach ist und über geringe eigene Urteilskraft und »Tierverstand« verfügt, haben die anderen nichts zu lachen.

→ Typische Position im Team

Untere bis mittlere Tätigkeiten und Verantwortungsbereiche, da selbst schwache Chefs sehr oft spüren, dass sie sich besser nicht auf die Hyäne einlassen sollten. Irgendwann fliegt auch der gerissenste Intrigant auf.

→ Im Arbeitsalltag

Vorsicht, Vorsicht – und noch einmal Vorsicht! Wenn Sie ein kleines Plappermäulchen sind, dann kleben Sie sich lieber den Mund zu! Verraten Sie persönliche Dinge oder ein wenig schmeichelhaftes Erlebnis jedem – nur nicht der Hyäne! Ansonsten halten sich morgen garantiert alle Kollegen vor Lachen die Bäuche und staunen über Ihre Naivität. Die Hyäne – ob Frau oder Mann – nutzt Sie schamlos aus und hintertreibt all Ihre Pläne.

→ Stärken und Schwächen

»Stärken« im herkömmlichen Sinne, also charakterliche Festigkeit und »positive« Eigenschaften, hat sie nicht. Sie ist zäh, misstrauisch und glaubt an nichts. Deshalb übersteht und überlebt die *Hyaena administerorum* (fast) alles. Wer (»unter ihr«) Chef ist, ist ihr egal. Darüber hinaus spürt sie die Schwächen anderer instinktsicher auf und nützt sie unnachsichtig zum eigenen Vorteil aus. Das macht sie zu einem gefährlichen Gegner.

Ihre Schwächen lassen sich hingegen kaum zählen: Bosheit, Neid, Habsucht, Gleichgültigkeit, Geschwätzigkeit, Unehrlichkeit, Mangel an Gerechtigkeitsgefühl. Dazu ist sie intrigant und durchtrieben. Ein richtiges Herzchen!

→ Körperhaltung und Bewegungsablauf

Häufig geduckt und auf dem Sprung. Sie verbirgt sich gerne hinter Säulen und Raumteilern und verschanzt sich hinter ihrem Monitor. Achtung: Auch wenn es so aussieht, als würde sie arbeiten – sie kriegt alles mit! Selbst, wenn sie telefoniert: Sie hat die Gabe, mit einem Ohr dem Gespräch zu folgen und mit dem anderen alles andere in ihrer näheren Umgebung aufzunehmen.

→ Freunde und Feinde

Freunde hat die Kollegenhyäne nicht; keine wirklichen zumindest, auch wenn der Bückling schleimt. Feinde sind dagegen alle.

→ Heimliche Ziele

Sie will für möglichst viel Unfrieden sorgen und alle, die sich sicher und etabliert fühlen, verunsichern und beunruhigen.

»Du kannst mir vertrauen! Erzähl doch mal. Das bleibt garantiert unter uns ...«

Persönliche Stärken, die Ihnen bei Kollegenhyänen nutzen: Courage, Entschlossenheit, Vorsicht, Klugheit, Verschwiegenheit.

Persönliche Schwächen, die Ihnen bei Kollegenhyänen schaden: Vertrauensseligkeit, Naivität, Gutmütigkeit, Mitteilungsbedürfnis, Arglosigkeit.

→ Kommunikationsstrategie und Pflegetipp

Sie haben nur eine einzige Chance, mit einer Hyäne einigermaßen zurechtzukommen. Gehen Sie ihr aus dem Weg, bringen Sie Ihre Leistung, so gut Sie können, und behalten Sie alles, was nicht zu Ihrer eigentlichen Arbeit gehört, am besten für sich. Beteiligen Sie sich nicht am Kollegentratsch.

Falls Sie doch einmal in die Fänge der Hyäne geraten und keinen anderen Ausweg mehr sehen, sorgen Sie für Öffentlichkeit. Suchen Sie Zeugen für schlechte Nachreden und konfrontieren Sie damit die Hyäne im Beisein des Chefs und vor dem ganzen Team. Eventuell bestätigen andere Ihre negativen Erlebnisse, und die Hyäne zieht zumindest in dieser Runde den Kürzeren. Danach aber – Achtung! Die Hyäne wird jetzt alles daran setzen, Ihnen Schaden zuzufügen, denn sie ist nicht fähig, aus Fehlern zu lernen! Sie bzw. der Chef müssen sie schon kaltstellen oder, am besten, aus dem Team entfernen.

Für Chefs gilt: Legen Sie der Hyäne einen Maulkorb an, achten Sie nicht auf ihr Geschwätz und kontrollieren Sie ihren Umgang mit den Kollegen, sonst richtet sie viel Schaden im Team an.

LEITHAMMEL
(Vervex primus)

»*Wer hart arbeitet, kommt nicht auf dumme Gedanken.*«

→ Vorkommen

Wir stöbern in der großen Volkshoch-
schule des weltweiten Netzes und lesen
bei Wikipedia:»Alphatier ist ein Begriff aus der Verhaltensforschung und
bezeichnet das Leittier einer Herde
oder eines Rudels. Alphatiere sind in

der Regel die kräftigsten (…) Tiere der Gruppe, die die größte
Erfahrung aufweisen. Der Begriff Alpha-Tier bezieht sich auf α
bzw. Aleph, den ersten Buchstaben im griechischen oder phöni-
zischen Alphabet: Alphatiere sind also die ›ersten‹ (d. h. in der
Rangordnung am höchsten stehenden) Tiere ihrer Gruppe.«
Besser hätten wir es nicht sagen können: Der Leithammel ist ein
Alphatier und kommt in jeder Herde, sprich in jedem Team,
einmal vor. Wo Schafe und jüngere, noch nicht so erfahrende
Böcke sind, da findet man auch einen Leithammel.

→ Typische Position im Team

Der Leithammel führt. Wie groß die Gruppe ist, spielt keine
Rolle. »Der Chef« ist er allerdings nicht. Häufig tritt er als Ab-
teilungs-, Gruppen- oder Bereichsleiter in Erscheinung und
zählt daher in aller Regel zur unteren und manchmal auch zur
mittleren Führungsebene, häufig in Berufen, die ihr Geld mit
praktischen Tätigkeiten verdienen. Er steht einem Büro vor,
führt eine Akkordarbeitergruppe am Fließband, leitet eine Bau-
brigade oder ist Geselle in einem Handwerksunternehmen.

→ Im Arbeitsalltag

Der Leithammel setzt die Anweisungen des »Generalstabs« im
Unternehmen um und sorgt für einen reibungslosen Ablauf
aller Arbeitsprozesse in seinem Team. Häufig hat er sich im
Schweiße seines Angesichts in eine leitende Stellung hochgearbeitet. Deshalb muss er solide, sorgfältig und gewissenhaft

sein und dem Team mit seinem Einsatz ein Beispiel geben. Der typische Leithammel ist keiner, der delegiert, sondern einer, der mitarbeitet. Irgendwann in seiner beruflichen Laufbahn hat er sich dem Management als Primus inter Pares empfohlen und eine für ihn entscheidende Sprosse der Karriereleiter genommen. Seine berufliche Qualifikation ist jedoch in den meisten Fällen begrenzt.

→ Stärken und Schwächen

Seine Stärken liegen in der Präzision und im Nachdruck seiner Anweisungen an die Mitarbeiter, im Vorbildcharakter seiner eigenen Arbeit und in der Bestimmtheit seines Auftretens. Häufig ist er ein ehrlicher und grundsolider Charakter.

Schwächen hat er zu beklagen, wenn er in eine leitende Rolle gedrängt wurde, die er gar nicht wahrnehmen und ausfüllen kann oder möchte. Dann wird der Leit- zum Leidhammel.

Persönliche Stärken, die Ihnen bei Leithammeln nutzen: Selbstdisziplin, ein gutes Zeitmanagement und Freude an der Arbeit.

Persönliche Schwächen, die Ihnen bei Leithammeln schaden: Wer einem Leithammel untersteht, sollte auf gutem Fuß mit den von einem führenden saarländischen Politiker einst abschätzig als »deutsche Sekundärtugenden« bezeichneten Persönlichkeitsmerkmalen stehen – als da wären: Fleiß, Einsatzfreude, Pünktlichkeit, Ordnungsliebe und Zuverlässigkeit. Darüber hinaus machen sich Mitarbeiter mit einem Hang zu Lässigkeit und Schlamperei bei der Arbeit unbeliebt.

→ Freunde und Feinde

Wenn er seine Sache gut macht, gehören Arbeitsbienen und Teamameisen zu seinen Freunden. Der Firmenpfau allerdings mag ihn nicht, da er ihm laufend die Flügel stutzen muss.

Für die holde Weiblichkeit kommt er nur selten in Frage, selbst wenn er kenntnisreich seine Aufträge wegschafft, denn er riecht nach Schweiß – und nicht nach Erfolg. Und nur der macht bekanntlich sexy.

→ Körperhaltung und Bewegungsablauf

Man sieht ihn häufig mit hochgekrempelten Hemdsärmeln und mitten im Getümmel – da, wo es die meiste Arbeit gibt.

»Auf geht's Leute, an die Arbeit!«

(bayerische Übersetzung: »Geh ma, geh ma!«)

→ Heimliche Ziele

Mit der Gewissheit in den Ruhestand gehen zu können, dass alles in bester Ordnung ist und dass er immer alles im Griff hatte.

→ Kommunikationsstrategie und Pflegetipp

Ein *Vervex primus* ist in aller Regel ein verträglicher und ehrlicher Charakter und kein Haudegen wie sein Kollege Brüllaffe, der den Kapo im Blut hat. Wer keine linken Touren macht und sein Pensum anständig erledigt, kommt gut mit ihm zurecht.

NR.

LÖWENKÖNIG

(Panthera leo)

»Führen heißt Durch-führen.«

→ Vorkommen

Was macht den einen zum »Chef« und den anderen nicht? Meistens ist es wohl das Zusammenspiel einer besonders guten Qualifikation für das jeweilige Arbeitsgebiet mit der Freude daran, selbst den Gang der Dinge beeinflussen

und (mit)bestimmen zu können. Dazu kommt ein – schwächer oder stärker – ausgeprägtes Lustgefühl, das mit Macht einhergeht. Natürlich muss es immer einen Chef geben, einen Vorgesetzten, der als Abteilungs-, Bereichs-, Vertriebs- oder Werbeleiter fungiert, einen Finanz- und Personalchef, einen leitenden Ingenieur oder führenden Servicetechniker oder einen Amtsleiter oder Bürovorsteher – einen Löwenkönig eben. Ein besonderes Exemplar, so ein *Panthera leo*!

→ Typische Position im Team

Der Löwenkönig steht immer an der Spitze, und zwar ganz oben, wo der Horizont am weitesten, wo die Luft aber auch am dünnsten ist.

→ Im Arbeitsalltag

In einem Weltkonzern bekommen die Mitarbeiter ihren obersten *Panthera leo* häufiger im Fernsehen zu Gesicht als »live« an ihrem Arbeitsplatz. Er ist too busy, als dass er sich um jeden Firlefanz kümmern könnte. Schließlich ist er kein Hausmeister, und um die Niederungen und Abgründe der unternehmerischen Existenz sollen sich gefälligst seine Unterhäuptlinge kümmern.

Gehen wir also von einem durchschnittlichen Löwenkönig aus, dann steht uns für seine Beschreibung eine vielfältige Farbpalette zur Verfügung. Den *Panthera leo* gibt es von ganz »schwarz«, soll heißen autoritär-wilhelminisch, jähzornig und unberechenbar, bis ganz »weiß«, also locker, lässig, liberal und beinahe kumpelhaft. Dazwischen existieren jede Menge Farbnuancen. Ein durchschnittlicher Löwenkönig ist manchmal gerecht, manchmal ungerecht, manchmal fair, manchmal unfair, manchmal autoritär, manchmal liberal. Besonders aber ist er, bei allem, was wir über ihn auch denken mögen, immer »der Chef«. Das ist und bleibt er, und alle Kollegen orientieren sich danach.

Das Verhalten von gleichgestellten Kollegen ist untereinander völlig anders als bei einer allgemeinen Besprechung mit dem Chef oder gar im persönlichen Gespräch mit ihm. Die Körpersprache ändert sich, ebenso Wortwahl, Ton und Stimmlage, Mimik und Gestik.

→ Stärken und Schwächen

Zu den Stärken eines Chefs gehört besonders die Klarheit, mit der er Anweisungen gibt und Regeln formuliert. Erfolgreich zu führen bedeutet Ein- und nicht Zweideutigkeit. Deshalb muss er, bevor er seine Forderungen kommuniziert, mit sich selbst im Reinen sein und wissen, welche Ziele er erreichen will. Darüber hinaus muss er dafür sorgen, dass die Ziele erreicht werden können, dass sie realistisch sind und nicht Mitarbeiter und Ressourcen überfordern. Zu einem »starken« Chef, der von seinen Mitarbeitern respektiert und akzeptiert werden möchte, gehören außerdem ein Gefühl für Fairness, das Gespür für Menschen, ihre Fähigkeiten und Eigenarten und ein gutes Händchen bei der Verteilung von Aufgaben und Zuständigkeiten. Eines jedoch sollte sich jeder Führende von vornherein abgewöhnen: den Wunsch, nur »ehrliche« Antworten und Reaktionen von seinen Mitarbeitern zu erhalten. Dies wäre – ebenso wie der Wunsch, »geliebt« zu werden – reine Vermessenheit. Er ist vor allem Chef – und zwischen ihm und seinen »Kollegen« steht (fast) immer eine unsichtbare Barriere.

Persönliche Stärken, die Ihnen bei Löwenkönigen nutzen:

- Selbstbewusstsein und natürliche Selbstsicherheit

- Objektives Urteilsvermögen

- Einfühlungsvermögen

Persönliche Schwächen, die Ihnen bei Löwenkönigen schaden:

- Ängstlichkeit

- Unterwürfigkeit

- Vermessenheit und Arroganz

- Fehlerhafte Selbsteinschätzung

→ Freunde und Feinde

Produktive und motivierte Mitarbeiter sind die besten »Freunde«, die er sich in seinem Zuständigkeitsbereich wünschen kann. »Feinde« sind alle, die ihn ausnützen wollen; dazu kommt die Kollegenhyäne, die mit ihren Intrigen das Arbeitsklima gefährdet.

→ Körperhaltung und Bewegungsablauf

Er thront. Das ist genug.

→ Heimliche Ziele

Die Zahl der Motivierten und Engagierten möglichst groß und die Zahl der Unzufriedenen und Systemverweigerer möglichst gering halten.

→ Kommunikationsstrategie und Pflegetipp

Löwenkönigen präsentieren wir uns so, wie wir sind: möglichst natürlich und unverstellt. Wir versuchen keine Rolle zu spielen, sondern wir selbst zu sein. Wir sind uns unserer eigenen Stärken und Schwächen bewusst und sind bestrebt, auf der Grundlage eines möglichst objektiven Selbstbilds unsere beruflichen Qualifikationen und persönlichen Fähigkeiten gut zu »verkaufen«. Das Chef-Mitarbeiter-Verhältnis ist ein geschäftlicher Vertrag, ein Geben und Nehmen, das einem gemeinsamen Ziel dient: dem Erfolg. Nicht mehr und nicht weniger.

Mitarbeiter vergessen gerne, dass der Löwenkönig »auch nur ein Mensch« ist. Das heißt: Auch er hat Gefühle, die er allerdings nur selten und nur ausgewählten Kollegen gegenüber offenbaren darf, und auch er fühlt sich manchmal schwach oder unsicher. Das »Chef-Sein« ist anstrengend und fordert viel von der persönlichen Substanz ein. Schließlich erwarten Mitarbeiter intuitiv, dass der Chef Vorgaben macht und die Richtung weist, dass er mit gutem Beispiel vorangeht und in Zweifelsfällen immer eine gute Lösung auf Lager hat. Das setzt Kompetenz, Verantwortung und ein Gespür für den jeweils richtigen Ton voraus – Eigenschaften und Fähigkeiten, die nicht jedem Chef gegeben sind. Deshalb ist es ratsam, Vorgesetzte in der eigenen Wahrnehmung niemals zu »Übermenschen« zu machen, sondern möglichst normal mit ihnen umzugehen – selbstverständlich unter Berücksichtigung des vorgegebenen Rangunterschieds. Was ein richtiger Löwenkönig ist, der mag keine Bücklinge und Schleimer und durchschaut ihr Spiel sehr schnell. Andere hingegen, die selbstständig denken und auch einmal den Finger heben, wenn sie mit Entscheidungen nicht einverstanden sind, achtet er weit mehr, denn sie sind sein Korrektiv – sie helfen ihm, die »Bodenhaftung« zu bewahren und nicht aus Selbstverliebtheit und Überheblichkeit schlimme Fehler zu begehen.

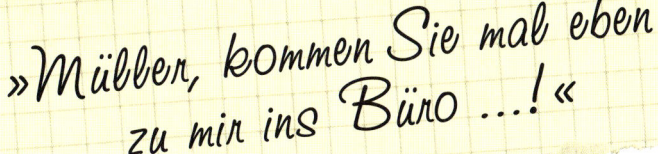

»Müller, kommen Sie mal eben zu mir ins Büro …!«

MARKETINGMIEZE

(Faeles acquisitionis)

»Ach Gott, bin ich hübsch!«

→ Vorkommen

Faeles acquisitionis ist eine weit verbreitete Art, die in jedem Unternehmen jedoch meist nur einmal vorkommt. Warum? Weil sie attraktiv ist, so attraktiv, dass Kollegen schlichtweg der Atem stockt, wenn sie auf den Gängen streunt. Kolleginnen erblassen vor Neid und speien Gift und Galle, wenn sie sich wieder und wieder darüber echauffieren, dass »die da« doch alles nur mit ihrem perfekten Äußeren erreicht. Ein Irrtum übrigens ist die Annahme, diese Art sei immer blond.

→ Typische Position im Team

Häufig treffen wir die Marketingmieze als Leiterin oder Mitarbeiterin der Werbeabteilung oder als Assistentin der Stabsstelle für Öffentlichkeitsarbeit. Wenn sie die Abteilung nicht selbst führt, assistiert sie typischerweise einem männlichen Vorgesetzten, denn Chefinnen schätzen ihre Attraktivität nur äußerst selten. Gleichwohl ist ihr Name auch ein Vorurteil. Natürlich ist besonders das Marketing dazu da, die Produkte und Dienstleistungen eines Unternehmens herauszustellen. Und wie lässt sich ein vorteilhaftes Image einfacher bilden als durch die Verkörperung mittels einer gutaussehenden Mieze? Customer relationship management auf höchstem Niveau! Andererseits meint der Begriff für diese Kollegengattung auch die eigene Repräsentation, das Marketing in eigener Sache.

→ Im Arbeitsalltag

»Arbeitsalltag«? Ihr Arbeitsalltag ist von einem gewöhnlichen Achtstundentag weit entfernt. Kaum jemand hat die Marketingmieze schon einmal mit Aktenordnern durch die Flure eilen oder angestrengt telefonieren sehen. Nein. Die Mieze lässt eilen, schleppen, Türen öffnen – und angestrengt telefonieren. Die

»Ach, wären Sie so nett?«

Dame liebt es, sich helfen zu lassen. Manchmal jedoch sieht man die Katze auch stolzieren: Bedächtig setzt sie ein perfektes Bein vor das andere – und wirkt dabei so zerbrechlich, dass selbst ein hartgesottener Chef um ein Gläschen Wasser eilt.

Andererseits kann sie überaus geschmeidig und hartnäckig ihre eigenen Ziele verfolgen. Und erreicht sie diese einmal nicht mit ihrem Aussehen, dann kann sie auch die Krallen zeigen.

→ Stärken und Schwächen

Zu den Stärken der Marketingmieze gehören zweifellos ein betörender Augenaufschlag und jenes nonchalante Selbstverständnis, das sie – selbst in Zeiten größter Hektik – ihr Bedürfnis nach Ruhe und Selbstreflexion zelebrieren lässt.

Dazu kommt ein mitunter erheblicher Einfluss auf die Entscheidungen ihres Vorgesetzten. Ist der Chef mit ihr glücklich und zufrieden, kann dies zu einem

»Sehen Sie, ich schätze Ihre Arbeit so sehr, Sie könnten mich toll unterstützen.«

hervorragenden Arbeitsklima führen. Niemand im Team sollte jedoch das häufige Schnurren des Kätzchens falsch verstehen oder gar seine Qualifikation in Frage stellen. Dann kann das Klima – »Chef bedingt« – umschlagen und eisig werden.

Zu ihren häufigen Schwächen zählt, dass sie die Reaktionen der Umwelt auf ihre ohne eigenes Zutun erworbenen Vorteile mitunter selbst durcheinanderbringt. So verlässt sie sich manchmal zu sehr auf den äußeren Schein der Dinge und ihre Wirkung auf das andere Geschlecht und staunt nicht schlecht, wenn ihre Vorschläge abgewiesen oder ihre Leistungen nicht hoch genug bewertet werden. Dann kann sie sehr beleidigt reagieren und ihre Kollegen für »unaufmerksam« oder »grob« halten.

Persönliche Stärken, die Ihnen bei Marketingmiezen schaden: natürliches Selbstbewusstsein, ein ruhiges und ausgeglichenes Wesen, Vorsicht im Umgang mit Kollegen und ein analytischer Verstand.

Persönliche Stärken, die Ihnen bei Marketingmiezen schaden: ein ausgeprägter Sinn für Gerechtigkeit und faire Arbeitsverteilung im Team, narzisstische Neigungen und Empfänglichkeit für Attraktivität und Anmut.

→ Freunde und Feinde

Die Marketingmieze hat mehr Bewunderer als wirkliche Freunde, da sie im Team eine exponierte Stellung bekleidet. Zu ihren Freunden zählen besonders die Kollegen, die sie mit kleinen Aufmerksamkeiten und Wohlwollen belohnt, zu ihren

Feinden dagegen jene, denen sie die kalte Schulter zeigt oder die sich von ihr gar verspottet, zurückgesetzt oder unbeachtet fühlen. Ihr Freund ist der Bückling. Sein Gefühl dafür, wer positive Emotionen der männlichen Anführer auf sich zieht, ist einfach untrüglich.

Schlecht gelitten ist die Marketingieze bei Arbeitsbienen und Teamameisen, da diese nicht stolzieren, sondern meist zum Schleppen der Ordner und zu allen anderen notwendigen Tätigkeiten verdonnert sind. Richtig verhasst ist die Mieze hingegen dem Vorzimmerdrachen. Der muss sich schon auf die gespaltene Zunge beißen, um der Ehefrau des Chefs oder den Gefährtinnen mancher Kollegen nicht Bescheid zu stecken.

→ Körperhaltung und Bewegungsablauf

Alles an ihr ist geschmeidig, weich und fließend. Auf Samtpfoten streicht sie durch die Korridore – ein Schweben und Gleiten.

»Oh, es wäre unheimlich süß von Ihnen, mir bei der Recherche zu helfen.«

»Mir ist so unendlich heiß heute, die Luft drückt und macht die Arbeit unerträglich.«

→ Heimliche Ziele

Sie möchte Immer die (heimliche) First Lady im Betrieb sein.

→ Kommunikationsstrategie und Pflegetipp

Wir sind vorsichtig und lassen die Mieze sich sonnen, hören kaum auf ihr selbstsüchtiges Schnurren, verlieren bei Kollegen und Vorgesetzten kein Wort darüber, vor allem aber nicht den Kopf, und tun unsere Arbeit. Manchmal bewundern wir auch ihre Schönheit, klug und berechnend wie wir sind.

MECKERZIEGE

(Capra balans)

*»Das Glas ist immer halb leer –
und niemals halb voll.«*

Steckbrief

- Unzufrieden
- Unentschlossen
- Sauertöpfisch
- Pessimistisch
- Wenig
  ambitioniert

→ Vorkommen

Vielleicht sind wir ungerecht, wenn wir sagen, dass eine richtige *Capra balans* typisch für deutsche Verhältnisse ist. Die Wirtschaft läuft nicht so gut wie gewohnt? Katastrophenalarm! Die Arbeitslosigkeit wird auf ein unerträgliches Ausmaß steigen, Deutschlands Unternehmer werden allesamt ins Ausland abwandern, Deutschland wird verelenden.

Was im Großen, in der öffentlichen Debatte üblich ist, das lässt sich vortrefflich auch im Kleinen, im einzelnen Unternehmen beobachten. Eine richtige Meckerziege – sie kann sowohl weiblichen als auch männlichen Geschlechts sein – ist niemals zufriedenzustellen. Sie findet immer das »Haar in der Suppe«: Entweder gibt es zu viel Arbeit oder zu wenig, entweder ist die Arbeitsatmosphäre zu kühl oder zu locker, entweder sind Sie als Chef zu entschieden oder zu unentschlossen. Meckerziegen haben sich auf der Wohlstandsinsel Deutschland wie die Karnickel vermehrt.

→ Typische Position im Team

Eine *Capra balans* kann heutzutage (fast) jede Position erreichen, denn Meckern gehört zum guten Ton. Wer nicht meckert, macht sich verdächtig. Manche Führungspositionen können jedoch nur erreicht und gehalten werden, wenn Qualifikation und berufliche Erfahrung mit einer optimistischen Ausstrahlung einhergehen. Da haben es Meckerziegen schwer.

→ Im Arbeitsalltag

Mit der sozialen Kompetenz von Meckerziegen ist es nicht allzu weit her, weil sie insgeheim oder offen ihre notorische Unzufriedenheit zelebrieren. Sie sind auf sich selbst und ihre eigenen Ansprüche konzentriert und verfügen häufig über wenig Gemeinsinn. Natürlich müssen auch sie im Team eingebunden werden, denn Meckerziegen können beruflich gleichwohl sehr qualifiziert sein. Dabei kann eine *Capra balans* gefährlich für den Erfolg des Teams werden: Lässt ein Vorgesetzter sie gewähren oder spürt nicht, dass hinter seinem Rücken alles in Zweifel gezogen wird, kann die Arbeitseinstellung im ganzen Team großen Schaden nehmen. Wenn eine Meckerziege ihre Kritik an Arbeitsatmosphäre oder einzelnen Abläufen jedoch überzieht, kann ihre Haltung für sie selbst auch zum Bumerang werden. Dann wenden sich die Kollegen genervt ab.

Persönliche Stärken, die Ihnen bei Meckerziegen nutzen: weghören können und Konzentration auf die eigenen Aufgaben.

Persönliche Schwächen, die Ihnen bei Meckerziegen schaden: Beeinflussbarkeit und schwankende Stimmungen.

→ Stärken und Schwächen

Ein Mitarbeiter in einem modern und erfolgreich geführten Unternehmen sollte kritikfähig sein. Willfährige oder gar devote Kollegen, die jeden Auftrag wie beispielsweise der Bückling widerspruchslos ausführen, eignen sich lediglich für Routinearbeiten. Dem Vorgesetzten sind sie kein Korrektiv, und sie verleiten manchen Chef dazu, die Bodenhaftung zu verlieren und sich wie ein Sonnenkönig aufzuspielen. Alles und immer zu kritisieren ist dazu die Antipode. Dieses Verhalten sorgt für schlechte Stimmung, für einen Verlust an Motivation und schafft

Frustrationen. Das, was eigentlich eine Stärke ist, eine selbstbewusste und kritische Urteilsfähigkeit, wandelt sich so zu einer Schwäche, zumal viele Meckerziegen kritikresistent sind, wenn es sich um die Wertung der eigenen Leistung oder des eigenen Verhaltens handelt.

➜ Freunde und Feinde

Freunde findet die (oder der) *Capra balans* bei den latent Unzufriedenen im Team, aber nur zeitweise und relativ wenige. Zum Feind oder zumindest Gegner macht sich die Meckerziege all jene, die in Ruhe ihren Job erledigen wollen oder eine positive Lebenseinstellung besitzen.

➜ Körperhaltung und Bewegungsablauf

Oft sieht man sie auf den Fluren oder in der Kaffeeküche, um Kollegen abzupassen und ausgiebig abzumeckern. Sie gestikuliert gerne, rollt mit den Augen, runzelt zweifelnd die Stirn und macht abschätzige Handbewegungen.

➜ Heimliche Ziele

Die Meckerziege trachtet danach, niemals ein Haar in der Suppe zu übersehen.

➜ Kommunikationsstrategie und Pflegetipp

Für Kollegen: auf Durchzug schalten oder zurückmeckern.
Für Chefs: nie für repräsentative Aufgaben einsetzen.

»Wir sind hier doch die reinsten Befehlsempfänger. Von wegen: Eigeninitiative!«

PAPIERTIGER
(Tigris cartae)

»Jedes Detail ist wichtig.«

→ Vorkommen

Er schafft und schafft und schafft ... Notiz um Notiz, Formular um Formular, Akt um Akt. Er füllt ganze Schrankmeter mit Verordnungen, Statistiken und Ausführungsbestimmungen. Böse Zungen behaupten, seine Papierhöhle befinde sich stets in den Amtsstuben von Behörden, doch das ist nur die halbe Wahrheit. Auch in der elektronisierten Privatwirtschaft treffen wir häufig auf *Tigris cartae,* der zwar Berge (an Papier) produziert, jedoch niemals Berge versetzt. Er hat wahrlich keine Macht, wähnt sich aber im Besitz der letzten Weisheit, weil er das (Arbeits-)leben zwischen Aktendeckel presst und meint, damit die Wirklichkeit in ihrer Vielfalt erfassen zu können.

→ Typische Position im Team

Seine Position steht auf wackligen Beinen. Er ist zwar produktiv und erzeugt Unmengen von Papier – doch will das jemand ernsthaft goutieren? Nein. In Wirklichkeit ist der *Tigris cartae* den meisten Kollegen lästig, da er alle zwingt, sich wenigstens dem Schein nach mit seinen umfangreichen Ausarbeitungen zu befassen. Er ist dem Dokumentations- und Analysewahn verfallen, und das nervt eher, als dass es nützt.

→ Im Arbeitsalltag

Der Papiertiger findet sich in unterschiedlichen Positionen, manchmal kann er sogar in den Führungskreis der Firma aufsteigen. Dann ist er ein Mann der ununterbrochenen Analyse: Er erforscht den einheimischen und internationalen Markt, untersucht das Kunden- und Mitbewerberverhalten, berechnet Absatzchancen und Potenziale. Seine Arbeit ist im Grunde genommen wertvoll, wenn sie mit Maß und Ziel betrieben wird.

Meist jedoch findet er immer noch einen Punkt, der nicht berücksichtigt wurde, oder weitere Zahlenkolonnen, die falsch interpretiert wurden, sodass eine Entscheidung »zu diesem Zeitpunkt gänzlich fahrlässig erscheinen muss«. Falls seine Kollegen in einem solchen Moment die Geduld verlieren und ihn an die ursprüngliche Aufgabe des Unternehmens erinnern, zieht er sich beleidigt in seine Papierhöhle zurück. Nein, der Papiertiger ist wahrlich kein Mann der Tat.

→ Stärken und Schwächen

Papiertiger sind zumeist sehr intelligente Mitarbeiter, die über eine überdurchschnittlich qualifizierte Ausbildung verfügen und methodisch und strukturiert arbeiten. Sie gehen den Dingen auf den Grund und hassen nichts so sehr wie Oberflächlichkeit. Sie verfügen über wenig bis gar keine Entschlusskraft und über geringe Durchsetzungsfähigkeit. Papiertiger zweifeln gerne, auch an sich selbst. Sie neigen dazu, sich in Details zu verlieren, denn die stringente Struktur eines Systems, mit dem sie Zusammenhänge analysieren, steht aus ihrem Blickwinkel über dem eigentlichen Ziel. Darüber hinaus sind Papiertiger meist kontaktscheue und kommunikationsarme Wesen. Sie lieben Zahlen und Fakten – und nicht die Menschen.

Persönliche Stärken, die Ihnen bei Papiertigern nutzen: Papiertiger müssen geführt werden, d.h., ihre Aufgaben und ihr jeweiliger Auftrag müssen präzise formuliert und kontrollierbar sein, sonst kann ihre Arbeit ausufern und sich ihr Nutzen ins Gegenteil verkehren. Darüber hinaus muss man Geduld aufbringen, im richtigen Moment aber auch auf eine Entscheidung drängen.

Persönliche Schwächen, die Ihnen bei Papiertigern schaden: Nachlässigkeit und mangelhafte Strukturierung der Arbeit.

»Ich habe da noch eine interessante Zahl ...«

→ Freunde und Feinde

Erwärmen kann sich ein richtiger Papiertiger für Kollegen nur dann, wenn er bei ihnen die Bereitschaft verspürt, sich mit seinen umfangreichen Ausarbeitungen zu beschäftigen. In solchen Fällen kann er eine zeitlich befristete soziale Beziehung eingehen. Ansonsten bleibt er lieber auf Distanz und lehnt private Kontakte zu Mitarbeitern meist völlig ab. Betriebsfeste, ein netter Plausch nach der Arbeit oder gar die Vertiefung einer kollegialen Beziehung zu einem freundschaftlichen Kontakt sind seine Sache nicht.

→ Körperhaltung und Bewegungsablauf

Selten sind Papiertiger »locker«. Häufig wirken sie steif, distanziert und geistig abwesend. Sie leben in ihrer eigenen Welt.

→ Heimliche Ziele

Für den Papiertiger gilt: Der Weg ist das Ziel, und die Methode ist wichtiger als das Ergebnis.

→ Kommunikationsstrategie und Pflegetipp

Bei Papiertigern sollten wir geduldig reagieren, zugleich aber »auf den Punkt« kommen. Ihre Akribie und ihre Detailversessenheit führen manchmal dazu, dass ein Team das Ziel aus den Augen verliert. Andererseits liefert ihre Arbeit häufig wertvolle Unterstützung bei der Entscheidungsfindung. Deshalb muss der Teamführer den richtigen Moment bestimmen, wann entschieden und nicht mehr analysiert oder abgewogen werden kann.

PLATZHIRSCH
(Cervus primus)

*»Was haben Sie
      bisher denn schon geleistet?«*

→ Vorkommen

Jeder ist wohl in seinem Arbeitsleben schon einmal einem Platzhirsch begegnet. Ein *Cervus primus* kann einer der unangenehmsten Kollegen sein, denn er verteidigt seinen Platz im Team, jedoch nicht deshalb, weil er ihm von einem anderen streitig gemacht werden würde, sondern aus Prinzip und prophylaktisch. Jeder Neuankömmling könnte ja ein potenzieller Konkurrent sein, und deshalb muss er zunächst einen ausgewachsenen Revierkampf bestehen – ob er will oder nicht.

Steckbrief

- Konservativ
- Besitz ergreifend
- Unflexibel
- Ängstlich
- Überempfindlich

→ Typische Position im Team

Ein Platzhirsch hat sich hochgearbeitet, häufige Arbeitsplatzwechsel liegen ihm nicht. Jungen, flexiblen und mobilen Nachwuchskräften, die das Team verstärken sollen, macht er gerne das Leben schwer. Er ist konservativ und sehr beharrlich. Sein wichtigstes Argument gegen jede personelle Veränderung in seinem Umfeld ist die Überzeugung, sich über lange Jahre der Betriebszugehörigkeit Verdienste erworben zu haben, die andere nie mehr erreichen werden. Dabei kann der Platzhirsch jede Position im Berufsalltag einnehmen: Sein drohendes Röhren lässt er als kleiner Angestellter ebenso laut hören wie als Vorstandsvorsitzender eines börsennotierten Weltkonzerns.

→ Im Arbeitsalltag

Er ist davon überzeugt, dass es niemand so gut kann wie er selbst. Wo kämen wir denn da hin? Hat er denn umsonst so viele Jahre gezeigt, was er drauf hat? Es war schon immer so und soll auch so bleiben! Ja, der *Cervus primus* benimmt sich wie ein Alter, für den sein hoher Geburtstag allein schon Verdienst genug dafür ist, dass sein Wille und sein Handeln immer richtig und demzufolge gefälligst zu respektieren sind. Basta!

→ Stärken und Schwächen

Entweder neigt der Platzhirsch zur Eitelkeit und Überheblichkeit, oder er hat Angst vor Konkurrenz, weil er seine Kräfte schwinden sieht. Beides macht den Platzhirsch ziemlich unerträglich, und er hat wenig Gefühl dafür, dass seine übertriebene Selbstbehauptung und sein überzogener Anspruch leicht lächerlich wirken können.

Durch sein Verhalten demotiviert er das Team und kann den Erfolg der Geschäftstätigkeit sogar ernstlich gefährden. Seine Stärke ist die Erfahrung, doch da er diese nicht produktiv und zukunftsoffen einsetzt, wird sie zu seiner Schwäche und zum Risiko für die Sache.

→ Freunde und Feinde

Die Welt zerfällt für ihn in zwei Teile: Die einen, die ihn in Ruhe lassen und respektieren, sind seine Kameraden. Alle aber, die etwas Neues ausprobieren wollen, zählen zu den Feinden, denn sie gefährden offensichtlich seine exponierte Position. Die Welt ist schwarz und weiß, Zwischentöne existieren für ihn nicht.

→ Körperhaltung und Bewegungsablauf

Wenn man sich ihm nähert, senkt er den Kopf, stößt die Hufe in den Boden, strafft die Muskeln und zeigt die 16 Enden (Jahre) seines Geweihs (seiner Betriebszugehörigkeit). Alle Kraft steckt er in die Verteidigung seines Reviers: ein Macho, furchteinflößend und geckenhaft zugleich.

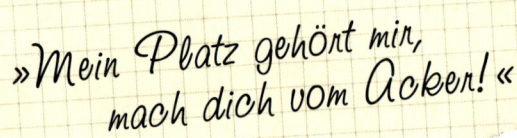

»Mein Platz gehört mir, mach dich vom Acker!«

Persönliche Stärken, die Ihnen bei Platzhirschen nutzen: Geduld und Einfühlungsvermögen, manchmal auch Nachsicht bei überzogenen Reaktionen. Allerdings müssen auch Zielstrebigkeit und Beharrlichkeit dazukommen, sonst erreicht man nichts, und alle Initiativen werden auf die lange Bank geschoben.

Persönliche Stärken, die Ihnen bei Platzhirschen schaden: Besonders jüngere Kollegen dürfen sich nicht ins Bockshorn jagen lassen und die Flinte zu schnell ins Korn werfen. Ein selbstbewusstes und nachdrückliches Auftreten ist erforderlich, dazu viel Überzeugungsarbeit, die freundlich, aber bestimmt betrieben wird.

→ Heimliche Ziele

Er will ein Höchstmaß an Aufmerksamkeit erreichen, um alle rechtzeitig ausmachen zu können, die an seinem Stuhl sägen; dazu wünscht er sich die nie versiegende Kraft, sie von der Lichtung jagen zu können.

→ Kommunikationsstrategie und Pflegetipp

Machtkämpfe und Stellungskriege sind bei der Begegnung mit einem *Cervus primus* kaum zu vermeiden. Deshalb gilt es, früh genug Strategien zu entwickeln, Argumente zu sortieren und sich rational auf bevorstehende Auseinandersetzungen einzustellen. Wegducken hilft meist ebenso wenig wie eine offene Konfrontation, die zu bösen Verletzungen auf beiden Seiten führen kann. Hilfreich können allseits überzeugende Arbeitsleistungen sowie die Unterstützung wohlmeinender Kollegen sein.

Ruhefant

(Elephas quietis)

»Gemach, gemach!«

→ Vorkommen

Besonders auffällig sind Ruhefanten in sehr hektischen Branchen, wie im Journalismus, an der Börse oder an anderen Produktionsstätten, wo die unbedingte Einhaltung von Terminen zum Tagesgeschäft gehört. Da klimpern die Tastaturen, da werden die Telefonhörer aus der Station gerissen und wieder auf die Gabel geknallt, da herrscht ein Tohuwabohu im Großraumbüro, dass einem Hören und Sehen vergeht. Der *Elephas quietis* aber ist von all dem unbeeindruckt: Er steht wie ein Fels in der Brandung und scheint sich nur für seine eigenen Aufgaben zu interessieren.

Steckbrief

- Ausgeglichen
- Hartnäckig
- Natürlich
- Ehrlich
- Solide

→ Typische Position im Team

Der Ruhefant wird besonders gern dort eingesetzt, wo die Arbeitsschlacht am lautesten tobt. Im Journalismus, respektive in der von Terminen geplagten und gejagten Tagespresse, bekleidet er häufig den Posten des »CvD«, des Chefs vom Dienst. In dieser Position hat er die Aufgabe, die gesamte technische und organisatorische Produktion der aktuellen Zeitung zu koordinieren und zu überwachen. »Flatterhemden« oder nervöse Kolleginnen sind dabei nicht zu gebrauchen, denn häufig werden die letzten Zeilen erst kurz vor Redaktionsschluss geschrieben, um den Lesern größtmögliche Aktualität zu garantieren.

→ Im Arbeitsalltag

Der *Elephas quietis* ist selbst dann noch ruhig, wenn viele andere die Nerven verlieren. Was ihm diese innere Kraft und Ausgeglichenheit verleiht, ist unbekannt. Er hat jedenfalls seine Mitte gefunden und muss keinen Urlaub nehmen, um seine Seele pendeln zu lassen. Ruhig und stoisch geht er seinen Weg, deshalb ist er auch bestens geeignet für einen Job an der Börse: Mit vier

Telefonen zugleich hantierend und parallel vier Monitore mit den Kursen in New York, Tokio, London und Frankfurt im Blick rät er Kunden selbst dann noch zum »Halten«, wenn der Höhenflug des jeweiligen Papiers den Orbit erreicht hat. »Keep cool«, so seine Anweisung.

→ Stärken und Schwächen

Neben der inneren Ruhe und Ausgeglichenheit zählen Beharrlichkeit und Zuverlässigkeit zu seinen Stärken. Seine Devise lautet: »Ich habe ein Ziel, und dieses Ziel verfolge ich bis zum Schluss.« Darauf kann man sich unbedingt verlassen.

Doch selbst ein *Elephas quietis* ist mitunter aus der Ruhe zu bringen. Besonders intriganten Mitarbeitern wie der Kollegenhyäne kann das gelingen. Sie hat die Fähigkeit, dem Ruhefanten derart auf den Rüssel zu gehen, dass eine verborgene Eigenschaft zum Vorschein kommen kann: eine überaus gefährliche Reizbarkeit, die sich bis zum Jähzorn steigert und dazu führt, dass auf dem Stück Boden, auf dem er herumgetrampelt ist, nie mehr etwas wächst.

Persönliche Stärken, die Ihnen bei Ruhefanten nutzen: Ruhefanten sind von Geburt an nützlich. Da braucht es keine Stärken.

Persönliche Schwächen, die Ihnen bei Ruhefanten schaden: Ironie, Spott, ein provokantes Gehabe und Intrigantentum. Er liebt Natürlichkeit und einen unverstellten, ehrlichen Umgang.

»Entspannen Sie sich mal ein bisschen.«

→ Freunde und Feinde

Alle schätzen seine Kraft, Zuversicht und Zuverlässigkeit. Wen er zum Feind hat, dem ist nicht mehr zu helfen, weil er ihn ganz und gar falsch beurteilt oder böswillig ist.

→ Körperhaltung und Bewegungsablauf

Präsent, raumfüllend, bedächtig, manchmal stoisch und scheinbar unbewegt.

→ Heimliche Ziele

Sein größter Wunsch ist, endlich mal ausschlafen zu können.

→ Kommunikationsstrategie und Pflegetipp

Ruhefanten sollten an den Brennpunkten des Geschäftslebens eingesetzt werden. So leisten sie beispielsweise auch in der Reklamationsabteilung eines Unternehmens unschätzbare Dienste. Verärgerten und aufgeregten Kunden hören sie ruhig zu und präsentieren dann intelligente und faire Vorschläge zur Sanierung eines Missgeschicks oder Schadens. Wer Ruhefanten nicht dauernd reizt, sie ihre Arbeit tun lässt und sich im Falle ihrer übergeordneten Stellung an ihre Anweisungen hält, fährt glänzend.

Schreibtischpinscher

(Catellus officii)

*»Verschonen Sie mich
mit Ihren Ausführungen!«*

→ Vorkommen

Ein *Catellus officii* kann sehr unangenehm sein: Wenn man ihn zum Kollegen hat, unglücklicherweise vielleicht sogar noch in einem Büro mit ihm sitzt, gibt es nichts zu lachen. Bei ihm handelt es sich meist um einen Zu-kurz-Geratenen oder Zu-kurz-Gekommenen, der gerne schnappt und kneift – eine Hundeart also, die, wenn sie vom Schicksal stärker begünstigt worden wäre, größer, kräftiger und schöner geraten wäre. Bedauerlicherweise war das Schicksal aber ungnädig und hat anstelle eines Riesenschnauzers oder Dobermanns einen gewöhnlichen Pinscher zur Welt gebracht.

→ Typische Position im Team

Nur äußerst selten erklimmt der Pinscher eine höhere Sprosse auf der Karriereleiter. Dazu zeigt er zu oft seine kleinen spitzen Zähne und bellt zu häufig Kollegen und Vorgesetzte an. Es gibt ihn in vielen Amtsstuben und in den Verwaltungsabteilungen von Unternehmen, aber auch an allen anderen Arbeitsplätzen der unteren und mittleren Ebene.

→ Im Arbeitsalltag

Das größte Problem des *Catellus officii* ist, dass er mehr sein will, als er erreicht hat. Er ist unzufrieden mit sich, seiner Umgebung, seinen Kollegen, seinem Chef – und der Welt. Dabei versteht er jedoch nicht, dass ihm der Aufstieg nicht aus Gründen der Qualifikation, sondern infolge seines Verhaltens verwehrt wird. Im tiefsten Inneren ist er frustriert und hat lange schon den Weg in die innere Emigration angetreten. Was er auf den Tod nicht vertragen kann, ist, dass andere an ihm vorbeiziehen. Wehe dann, wenn ausgerechnet der Belobigte ihm zu nahe kommt und beispielsweise um Unterstützung für die Arbeit an einem Projekt nachfragt! Da bläst der Pinscher die Backen auf und beginnt scharf zu bellen. Er ist schlichtweg unverträglich.

→ Stärken und Schwächen

Wenn seine unangenehme und unsympathische Art einmal in Kauf genommen wird und er Gelegenheit erhält, zu zeigen, was in ihm steckt, dann hat er die Fähigkeit, Aufgaben mit Bravur zu erledigen, die kaum jemand vor ihm geschafft hat: zum Beispiel einen hartnäckig verborgenen Dachs aus seinem Bau zu treiben und einen Auftrag an Land zu ziehen, an den selbst der größte Optimist nicht mehr geglaubt hat. Leider jedoch kommt es nur äußerst selten dazu, weil er sich zuvor bei Vorgesetzten und Kollegen ausgiebig in Misskredit gebracht hat.

→ Freunde und Feinde

Freunde? Keinen einzigen.
Feinde? Es gelingt ihm oft relativ schnell, sich alle Kollegen zum Feind zu machen.

→ Körperhaltung und Bewegungsablauf

Immer auf dem Sprung, hektisch, übernervös, fiebrig.

»Bellende Hunde können sehr wohl auch beißen.«

Persönliche Stärken, die Ihnen bei Schreibtischpinschern nutzen:

- Unerschrockenheit
- Sensibilität
- Ruhe

Persönliche Schwächen, die Ihnen bei Schreibtischpinschern schaden:

- Unsicherheit
- Mangelnde Courage

→ Heimliche Ziele

Der Pinscher möchte mehr erreichen als bisher und »endlich nicht mehr unterschätzt werden«.

→ Kommunikationsstrategie und Pflegetipp

Um einen *Catellus officii* sollte man weite Kreise ziehen. Sein ständiger Missmut und seine Bereitschaft, bei der kleinsten Bemerkung, die er als persönliche Beleidigung auffassen könnte, laut loszuschimpfen, verdirbt die Laune und vergiftet die Atmosphäre. Äußerst selten gelingt es Mitarbeitern, mit diesem Kollegen gut zurechtzukommen.

SIEBENSCHLÄFER

(Dormitor profundus)

»Wenn es unbedingt sein muss …«

→ Vorkommen

Mit dem *Folivorum philosophiae* darf der *Dormitor profundus* nie verwechselt werden, denn das Faultier denkt – und arbeitet deshalb. Es ist wenigstens kreativ und bedingt nützlich für das Team. Ein richtiger Siebenschläfer hingegen

ist wirklich faul, träge und verschlafen. Er kommt überall dort vor, wo Vorgesetzte und Kollegen es versäumen, ihn rechtzeitig zur Ordnung zu rufen. Manche munkeln, dass beachtliche Kolonien von Siebenschläfern besonders in öffentlichen Behörden gesichtet werden, doch auch in privaten Unternehmen, in Kanzleien, Praxen und Büros von gutmütigen Freiberuflern gibt es Abkömmlinge dieser Art.

→ Typische Position im Team

Ein *Dormitor profundus* hat eine ungeheuer feine Nase für Positionen, die keinen großen Einsatz erfordern. Angenehm an einem Siebenschläfer ist, dass er weder drängelt, noch sich in den Vordergrund spielt, noch an besetzten Stühlen sägt. Das war's dann aber auch mit dem Positiven. Für Positionen, bei denen es darauf ankommt, anderen ein Beispiel zu geben, kräftig zuzupacken und viel Arbeit wegzuschaffen, ist er denkbar ungeeignet. Deshalb kommt er nie über eine mittelmäßig dotierte Arbeitsstelle hinaus.

→ Im Arbeitsalltag

Er ist immer schläfrig, reibt sich gerne die Augen, leidet unter niedrigem Blutdruck und fällt durch langsame Bewegungen auf. Schnell ist er nur, wenn es an die Verteilung von Aufgaben und die Festlegung von Terminen geht – schnell weg. Manche Kollegen halten sein Verhalten auch schlicht für unsozial und mokieren sich immer wieder über ihn, weil andere für seine mangelnde Aktivität büßen und seine unerledigten Aufgaben wegarbeiten müssen. Ein Teamplayer ist er wirklich nicht. In bestimmten Fällen ist der Siebenschläfer daran aber auch schuldlos, denn er kommt häufig mit einem zur Melancholie neigenden Temperament zur Welt und betrachtet alles, besonders aber den Zwang zur Arbeit, durch eine dunkle Sonnenbrille.

→ Stärken und Schwächen

Seine Stärke ist ein ausgeglichenes Wesen. Das wiegt allerdings kaum seine zahlreichen Schwächen auf: Er zeigt mangelnden Einsatz, geringes Verantwortungsgefühl und nur wenig Gemeinschaftssinn.

Persönliche Stärken, die Ihnen bei Siebenschläfern nutzen: Kollegen und Vorgesetzte müssen darauf achten, dass sich der *Dormitor profundus* keinen Lenz auf Kosten anderer Mitarbeiter macht. Teamarbeit darf nicht bedeuten, dass einer »teamt« und alle anderen die Arbeit erledigen. Deshalb muss der Siebenschläfer beizeiten zur Arbeit angeleitet und ständig kontrolliert werden. Dazu sind eine schnelle Entscheidung, die Aufstellung klarer Regeln und die Überwachung der Arbeitsleistung erforderlich.

Persönliche Schwächen, die Ihnen bei Siebenschläfern schaden: Kollegen mit wenig Zivilcourage, die sich zwar hinter seinem Rücken über seine Schläfrigkeit und die mangelnde Arbeitsleistung mokieren, ihn aber nicht darauf ansprechen, erleichtern ihm die Tour des Drückebergers. Auch ein lässiges Darüberhinwegsehen ist fehl am Platz.

→ Freunde und Feinde

Bestens verstehen kann das Faultier, was im Siebenschläfer vor sich geht. Leithammel, Brüllaffe, Teamameise, Arbeitsbiene, vor allem aber der Löwenkönig sind nicht gut auf ihn zu sprechen, weil er wenig effizient und motiviert ist.

»*Schlafen ist ein Grundrecht.*«

→ Körperhaltung und Bewegungsablauf

Vorsicht, wenn Sie einen Siebenschläfer ansprechen! Er könnte schlaftrunken vom Stuhl fallen.

→ Heimliche Ziele

Sein größter Wunsch ist es, die notwendigen Dinge des täglichen Lebens stets zur Verfügung zu haben – ohne sich dafür anstrengen zu müssen.

→ Kommunikationsstrategie und Pflegetipp

Am Arbeitsplatz ist soziales Verhalten ebenso erforderlich wie im Familien- und Freundeskreis. Jemand kann ein noch so lieber und sympathischer Kerl sein: Immer auf Kosten der anderen zu leben führt bald zu Frustration und Ärger. Im Arbeitsleben besteht gar die Gefahr, dass ein Team ernsthaft Schaden nimmt, wenn einer sich auf seinen vermeintlich existierenden Lorbeeren ausruht, ohne dafür zur Rechenschaft gezogen zu werden. Wenn ein Siebenschläfer das auch nach mehrfacher Ermahnung nicht versteht und sein Verhalten nicht ändert, hat er in keinem Team etwas verloren.

»Einer für alle, alle für einen!«

→ Vorkommen

Steckbrief

- Kollektivistisch
- Selbstlos
- Kommunikativ
- Hilfsbereit
- Arbeitsam

Einen größeren Gegensatz als zwischen dem Siebenschläfer und der Teamameise kann es nicht geben. Die *Formica turmae* ist das sprichwörtlich »soziale Wesen«. Häufig kommt sie dort vor, wo Massen produziert und/oder bewegt werden: in Postverteilstellen, Güterzentren, Großküchen und an vielen weiteren Arbeitsplätzen der Gastronomie oder auf großen Baustellen. Hier greift eine Handbewegung in die andere, und keiner kann es sich leisten, die Kollegen für sich arbeiten zu lassen, weil sonst der ganze Produktionsfluss stoppt.

→ Typische Position im Team

Die *Formica turmae* leitet oder führt nur sehr selten eine eigene Abteilung, denn sie fühlt sich in der arbeitenden Masse am wohlsten, in der sie etwas leisten kann und nicht auffällt. Die Zusammenarbeit mit ihren Kollegen und Kolleginnen bietet ihr Schutz, Gemeinschaft, Geborgenheit und Lebensinhalt. Mehr erwartet sie kaum von der Arbeit.

→ Im Arbeitsalltag

Die Teamameise ist äußerst zuverlässig und effizient. Sie erledigt ihre Aufgaben genau an dem Platz, der für sie vorgesehen ist. Kritische und skeptische Kollegen und solche, die sich gerne in ihren eigenen Leistungen und Erfolgen sonnen, bringen kein Verständnis für ihre Haltung auf, weil die Teamameise keine Züge des heute so modernen individualistischen Verhaltens zeigt. Eine *Formica turmae* ist ein Organisationswesen, dem der Erfolg des Teams wichtiger erscheint als das eigene Fortkommen. Selbst in Tätigkeiten, die eine außerordentlich hohe Qualifikation und lange Berufserfahrung erfordern, gibt es Teamameisen, deren soziales Verhalten bewundernswert ist.

→ Stärken und Schwächen

Die *Formica turmae* arbeitet am effizientesten im Kreis gleichgestellter und gleichberechtigter Kollegen. Sie zeichnet sich durch ein Höchstmaß an sozialer und emotionaler Intelligenz und Kompetenz aus. Das heißt: Sie besitzt Einfühlungsvermögen für das Wesen und die Wünsche der Kollegen, sie hat die Gabe, sich in andere hineinzuversetzen und Reaktionen auf ihr Handeln zuvor zu kalkulieren, und sie kann letztendlich eigene Emotionen zugunsten des Teams kontrollieren. Wenn sie eine Schwäche aufweist, dann lediglich diese: Sie hat manchmal Probleme, allein Entscheidungen zu treffen und ohne den Beistand anderer ihre Aufgaben zu erledigen.

Persönliche Stärken, die Ihnen bei Teamameisen nutzen:
Jeder Vorgesetzte sollte verstehen, dass sich eine *Formica turmae* unwohl fühlt, wenn sie einen Auftrag allein ausführen muss. Sie aus ihrem Verband herauszulösen bedeutet, ihre Arbeitsleistung und das Gesamtergebnis zu gefährden. Nützlich und effektiv ist sie lediglich in der Gruppe. Dies gilt es zu verstehen und zu akzeptieren.

Persönliche Schwächen, die Ihnen bei Teamameisen schaden:
Einer wenig sozialen Einstellung von Kollegen, die auf Egoismus und ausschließlich den eigenen Erfolg aufbaut, zeigt die Teamameise die kalte Schulter.

→ Freunde und Feinde

Die Teamameise arbeitet sehr kameradschaftlich mit ihren Kollegen zusammen. Gleichwohl hat sie es kaum mit wirklichen Freunden am Arbeitsplatz zu tun, weil ihre Sozialkompetenz ihr auch im Privatleben genügend Freundschaften ermöglicht. Feinde hat sie für gewöhnlich keine, weil ihre Arbeit unverzichtbar für jede funktionierende Organisation ist.

→ Körperhaltung und Bewegungsablauf

Emsig, betriebsam, ständig auf Achse.

»Kommt, Jungs und Mädels! Weiter geht's!«

→ Heimliche Ziele

Sie wünscht sich nichts weiter, als mit den Kollegen immer so gut zusammenarbeiten zu können wie bisher.

→ Kommunikationsstrategie und Pflegetipp

»Sonnenkönige«, Alleinunterhalter und Wichtigtuer machen keinen Stich. Ebenso wenig lässt sich die Teamameise von Meckerziegen oder Kollegenhyänen beeindrucken. Sie ist unkompliziert, solange man ihre Konzentration auf die Gruppe nicht in Frage stellt.

TRAMPELTIER
(Camelus bactrianus)

*»Was ich eigentlich schon
lange einmal sagen wollte…«*

→ Vorkommen

Eigentlich gilt das *Camelus bactrianus* als ein ausgesprochen nützliches Lasttier. Sein deutscher Name bezeichnet die charakteristische Fortbewegungsart dieses Zweihöckrigen Kamels, das mit seinen Beinen eher in den Boden stampft, als dass es die Füße anmutig anhebt. Dabei ist das Trampeltier jedoch nicht ausschließlich weiblichen Geschlechts, sondern auch männliche Kollegen können damit assoziiert werden.

→ Typische Position im Team

Ein Trampeltier kann alle Positionen erreichen. Trampelt es den anderen Mitarbeitern allerdings zu sehr auf den Nerven herum, wird es eher toleriert als akzeptiert. Das gilt für gleichgestellte Kollegen ebenso wie für Vorgesetzte. Manchmal kann sich ein Trampeltier sein Fortkommen allerdings dramatisch verscherzen, wenn es unter Beisein des Chefs einen dummen Spruch vom Stapel lässt.

→ Im Arbeitsalltag

Das unverwechselbare Wesensmerkmal des *Camelus bactrianus* ist seine Fähigkeit, wie der »Elefant durch den Porzellanladen« zu galoppieren und alles zu zerschlagen. Hat sich z. B. eine Kollegin eine kräftige Rüge von ihrem Vorgesetzten eingefangen und betritt kleinlaut das Büro, bringt es der Kollege *Camelus bactrianus* garantiert fertig, ihr ein fröhliches »Du guckst so feierlich. Bist du belobigt worden?« entgegenzuschmettern. Oder, noch schlimmer: Hat ein Kollege einen Todesfall zu beklagen und nimmt sich deshalb einige Tage frei, ohne den Grund an die große Glocke zu hängen, dann empfängt ihn das Trampeltier bestimmt mit der lässigen Frage: »Na, hast du dich gut erholt?«

Da können wir nur ganz langsam ausatmen, Luft holen – und wieder ausatmen. Denn wir wissen es ja: Das Trampeltier kann eigentlich nichts dafür, dass es so wahnsinnig ungeschickt und manchmal ungehobelt agiert. Es posaunt einfach immer das heraus, was ihm gerade in den Sinn kommt. Gleichwohl sehen wir ihm manches nach, denn hinterher ist es ihm meist selbst sehr peinlich. Dann heißt es immer: »O Gott! Das kann ja wieder nur mir passieren!«

→ Stärken und Schwächen

Stärken:
- 🔖 Humor
- 🔖 Gute Laune
- 🔖 Sinn für Situationskomik
- 🔖 Ausgeprägte Kommunikationsfähigkeit

Schwächen:
- 🔖 Überdimensioniertes Mitteilungsbedürfnis
- 🔖 Völliger Mangel an Einfühlungsvermögen
- 🔖 (»Feeling«)
- 🔖 Null Verhandlungsgeschick
- 🔖 Übertrieben direktes Wesen
- 🔖 Ein gewisses Maß an Rücksichtslosigkeit

»Heraus damit, alles andere ist ungesund!«

Persönliche Stärken, die Ihnen bei Trampeltieren nutzen: In erster Linie Humor und die Fähigkeit, lachen zu können, auch über sich selbst. Geduld, Nachsicht, Robustheit und Unempfindlichkeit helfen weiter.

Persönliche Schwächen, die Ihnen bei Trampeltieren schaden: Nachtragende Charaktere kommen mit dem Trampeltier nicht klar. Auch Selbstherrlichkeit, Humorlosigkeit oder Eitelkeit machen den Umgang schwer.

→ Freunde und Feinde

Seine unverstellte, wenn auch ungehobelte Art macht ihm im Kollegenkreis immer noch mehr Freunde als Feinde. Zu Letzteren gehören allenfalls die, denen das Trampeltier schon einmal – wahrscheinlich ohne es selbst auch nur zu ahnen – übel und zur Belustigung vieler mitgespielt hat. Manche, wie die Kollegenhyäne, der Vorzimmerdrachen und der Bückling, vergessen Demütigungen nie.

→ Körperhaltung und Bewegungsablauf

Große Hände, große Füße, große Klappe.

→ Heimliche Ziele

Das Trampeltier träumt von einem perfekten Slalomkurs zwischen allen Fettnäpfen.

→ Kommunikationsstrategie und Pflegetipp

Wenn Sie einen Kollegen oder eine Kollegin einmal als Trampeltier erkannt haben, dann seien Sie auf alle möglichen und unmöglichen verbalen Entgleisungen gefasst. Nehmen Sie nichts krumm, was offensichtlich aus dem Herzen kommt und heraus muss. Die meisten Exemplare dieser Art sind unkorrigierbar.

VORZIMMERDRACHEN

(Draco procoetonis)

»*Das Leben ist kein Wunschkonzert!*«

→ Vorkommen

Die fortschreitende Liberalisierung der westlichen Gesellschaft hat dieser Art schwer zugesetzt. Früher hatte der Vorzimmerdrachen nicht selten eine entscheidende Position im Unternehmen inne. Heute steht er jedoch unter erheblichem Konkurrenzdruck, denn immer häufiger nehmen jüngere, ambitionierte Frauen auch in den Vorzimmern der Macht Platz, die nicht mehr über die außergewöhnlichen Kompetenzen eines *Draco procoetonis* verfügen.

→ Typische Position im Team

Der Arbeitsplatz, den Vorzimmerdrachen für gewöhnlich einnehmen, befindet sich im unmittelbaren Umfeld einer bedeutenden und zumeist männlichen Führungspersönlichkeit. Nicht selten verwaltet und beherrscht der *Draco procoetonis* das Vorzimmer der Macht eines Vorstandsvorsitzenden, Firmeninhabers, Geschäftsführers oder Betriebsleiters.

→ Im Arbeitsalltag

Der Vorzimmerdrachen sticht besonders durch eine Eigenschaft hervor: sich absolut auf die Belange des Chefs zu konzentrieren. In seinem Verständnis nimmt der Chef die Stellung eines absoluten Herrschers ein, und er profitiert von dieser Aura der absoluten Macht. Der *Draco procoetonis* ist es, der führende Mitarbeiter, die um einen Termin »beim Chef« nachfragen, gerne ein paar Tage warten lässt, wenn sie ihm nicht behagen; er ist es, der die Korrespondenz mit den wirklich bedeutenden Geschäftskunden führt, die Führungszeugnisse und Beurteilungen zu Papier bringt, die geheimen Dossiers und Personalakten führt; er ist es, der die persönlichen Verhältnisse seines Herrn und Meisters bis in die feinsten Gefühlsverästelungen kennt.

Was macht eine gewöhnliche Sekretärin zum *Draco procoetonis*? Ihre Hingabe, die häufig zwischen der unerschütterlichen Zuneigung einer Mutter zu ihrem Sohn und der nachsichtigen Liebe einer lebensklugen Frau zu ihrem Angetrauten changiert. Sie kennt alle Schwächen, Sorgen und Ängste, die »Big Boss« niemals vor Untergebenen preisgeben darf. Das macht sie zu dem, was sie ist: zu einem Schatten seiner selbst.

→ Stärken und Schwächen

Ihre Stärke ist das Herrschaftswissen über alle bedeutenden Vorgänge im Unternehmen, ihr Kontakt zu Kunden, Partnern und Angestellten und selbst zur Familie des Chefs. Damit besetzt sie das Zentrum des Netzwerks und hält alle Fäden in der Hand. Darüber hinaus verfügt sie über einen Informationsvorsprung vor allen anderen Mitarbeitern. Vorsicht: Sie kann honigsüß sein, überfreundlich und verständnisvoll, sie kann gerecht und zurückhaltend erscheinen – wenn es aber um das Wohl des Chefs oder der Firma geht, verfügt sie über die Macht, mit einer kleinen Anspielung Lawinen ins Rollen zu bringen.

Ihre einzige Schwäche besteht möglicherweise darin, den eigenen Einfluss zu überschätzen. Das kann so weit führen, dass sie den Bogen überspannt und damit beginnt, sich in strategische oder allzu persönliche Angelegenheiten ihres Meisters einzumischen.

Persönliche Stärken, die Ihnen bei Vorzimmerdrachen nutzen: Verschwiegenheit, Vorsicht, Höflichkeit.

Persönliche Schwächen, die Ihnen bei Vorzimmerdrachen schaden: Ein Zuviel an Ehrgeiz, Schlendrian, Respektlosigkeit, mangelnde Aufmerksamkeit.

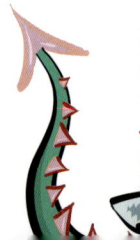

»Ich werde versuchen, für Sie einen Termin zu bekommen, obwohl der Terminkalender vom Chef (blätter, blätter) – oje, oje«…«

→ Freunde und Feinde

Ein richtiger *Draco procoetonis* hat keine Freunde, zumindest nicht am Arbeitsplatz. Seine Feinde sind alle, die das Lodern des Feuers jemals fühlen mussten. Feinde? Ach was! Das sind keine wirklichen Feinde. Der Feind schlechthin jedoch ist jene Gottesanbeterin, die um das Wohlwollen des Gottgleichen buhlt.

→ Körperhaltung und Bewegungsablauf

Draco procoetonis thront hinter dem Schreibtisch, die schallgedämmte Eingangstür des Chefbüros stets wachsam im Blick.

→ Heimliche Ziele

Sie verfolgt nur ein Ziel: die höchste Form der Wachsamkeit zu erreichen.

→ Kommunikationsstrategie und Pflegetipp

Jeder begeht Fehler, die häufig verzeihlich sind und ausgebessert werden können. Eines kann sich jedoch kein Mitarbeiter leisten, sofern er noch längere Zeit in Ruhe und Frieden im Unternehmen arbeiten will. Er darf es sich niemals mit dem Vorzimmerdrachen verscherzen, denn das käme einem beruflichen Todesurteil gleich. Ein Zuviel an Charme und Pusteblumen liebt er jedoch auch nicht, der *Draco procoetonis,* und erkennt schnell, was echt und was gespielt ist.

Der grosse Kollegentest

Welche Typen
sind eigentlich
Ihre Kollegen?

AUFBAU

Haben Sie nicht auch schon einmal den dringenden Wunsch verspürt, näher herauszufinden, was für ein Typ Ihr Kollege Meier oder Müller eigentlich ist oder was hinter Ihrer Kollegin Berger oder Huber wirklich steckt? Warum reagiert »der Meier« oder »die Huber« in bestimmten Situationen so – oder so? War Ihnen der Müller oder die Berger nicht immer schon ein Rätsel? So richtig schlau geworden sind Sie doch jedenfalls nie aus ihm oder aus ihr.

Warum der Schar der Kollegen und Kolleginnen, mit denen Sie beinahe täglich zu tun haben, über die Sie sich freuen und über die Sie sich ärgern, deren Reaktionen Sie erheitern oder zur Weißglut bringen, nicht einmal so richtig auf den Zahn fühlen? Der Mensch neigt nun mal dazu, sich die Welt übersichtlich einzurichten, damit er sie besser verstehen kann.

Machen wir uns also den Spaß und öffnen die Schubladen einer großen Kommode, in die wir unsere Kollegen dem Typ nach verfrachten – natürlich nur bildlich gesprochen. Eventuell verstehen wir sie dann besser und tun uns leichter im Umgang mit ihnen.

→ Und so funktioniert der »große Kollegentest«:

Sie möchten wissen, was für ein Typ beispielsweise Ihr Kollege Meier ist. Dazu haben wir auf den Seiten 122 bis 141 insgesamt 20 typische Situationen aus dem Arbeitsleben beschrieben. In jeder Situation stellen Sie sich die Frage, wie sich Ihr Kollege, den Sie genau vor Ihrem »geistigen Auge« haben, wohl verhalten würde. Jede Situation hat mehrere Antwortmöglichkeiten. Wählen Sie nur die eine Antwort aus, die Ihnen als die am ehesten zutreffende erscheint. Danach folgen Sie der Anweisung, die in Kursivschrift nach der von Ihnen ausgewählten Antwortmöglichkeit aufgeführt ist. Zum Beispiel: 5 Punkte für B.

Jetzt tragen Sie die jeweils angegebene Punktezahl in die Tabelle auf Seite 142 ein (am besten machen Sie sich Kopien, dann können Sie die Vorlage beliebig oft verwenden). Schauen Sie sich die Tabelle genau an:

Situation 3:
Antwort »**G** = 5«

PUNKTE PRO BUCHSTABE

	A	B	C	D	E	F	G	H	I	J	K	L	M	...
1														
2														
3							5							
4														
5														
6														
...														
Gesamt														

SITUATIONEN

Die horizontale Achse (A bis Y) bezeichnet die 25 Kollegentypen, die wir im ersten Teil des Buchs vorgestellt haben, und die vertikale Achse bezeichnet die beschriebenen Situationen (1 bis 20). Nachdem Sie die Punktezahl für die Ihrer Meinung nach jeweils passende Antwortmöglichkeit für alle 20 Situationen in die Tabelle eingetragen haben, addieren Sie alle Punkte. Der Buchstabe, der die meisten Punkte erhält, bezeichnet den Typ, dem Ihr Kollege am ehesten entspricht. Für welchen »tierischen« Kollegentyp welcher Buchstabe steht, erfahren Sie schließlich auf Seite 143.

Wenn Ihnen der »große Kollegentest« gefällt, steht nichts dagegen, sich nach »dem Meier« beispielsweise »die Huber« vorzunehmen und danach »den Müller« … Sie können die ausgewerteten Kollegen in Ihrer Hall of Fame ab Seite 144 eintragen!

Viel Spaß dabei!

Situation 1

Der Chef hat drei Wochen Urlaub. Er/sie (damit ist jeweils der Kollege bzw. die Kollegin gemeint, den bzw. die Sie gerade testen) hat die Aufgabe, ihn in seiner Abwesenheit zu vertreten und das operative Geschäft zu erledigen. Strategische Entscheidungen hat der Chef ihm/ihr nicht überlassen. Wie wird er/sie sich verhalten?

Ganz normal und wie immer. Er/sie erledigt in diesen drei Wochen die eigenen Aufgaben und dazu die vom Chef übertragenen Pflichten. Alles läuft reibungslos und unaufgeregt.	N = 5 P = 2 R = 3
Er/sie bricht unter den zusätzlichen Aufgaben zusammen. Alles bleibt liegen. Er/sie ist unentschlossen und trifft nicht die erforderlichen Entscheidungen.	H = 5 L = 1 S = 3
Endlich kann er/sie mal zeigen, was in ihm/ihr steckt. Darauf hat er/sie schon lange gewartet. Die drei Wochen werden ein Fest für seine/ihre Hingabe an Arbeitskraft, Fleiß und Einsatzbereitschaft.	A = 3
Schön, dass der Chef einmal weg ist und er/sie ihn vertreten muss. Jetzt kann man einigen Kollegen eine kleine Abreibung geben und sich für dies oder das in der Vergangenheit revanchieren.	G = 3 T = 5

Situation 2

Die Firma läuft gut, die Auftragsbücher werden voll und voller und können nicht mehr abgearbeitet werden. Jeder feiert Überstunden, und es ist kein Ende in Sicht. Abteilungsleiter Seifritz bestürmt den Chef, unbedingt einen oder vielleicht sogar zwei neue Mitarbeiter einzustellen, da das Team die Aufträge nicht mehr allein bewältigen kann, ohne Kunden wegen langer Lieferzeiten zu verärgern. »Außerdem«, so argumentiert der Abteilungsleiter, »was passiert denn, wenn wirklich einmal ein Kollege krank wird?« Am Mittagstisch in der Kantine wird darüber gesprochen. Er/sie vertritt dazu die folgende Ansicht:

Wurde aber auch Zeit, dass endlich einer den Mund aufmacht! Ein Skandal, wie lange wir schon wie die Tiere schuften müssen.	E = 5
Na ja. Ein neuer Mitarbeiter kostet die Firma Geld. Da bleibt für uns, wenn es um die nächste Gehaltserhöhung geht, wieder weniger übrig, und der Chef hat ein gutes Argument, uns zu vertrösten.	V = 2
Glaubt der Seifritz etwa, dass ein neuer Mitarbeiter uns sofort entlastet? Der muss doch erst einmal drei Monate eingearbeitet werden, und wenn er nicht so schnell kapiert, dauert es noch länger.	F = 5
Anstatt endlich mal ein bisschen Ordnung und Systematik in die Arbeitsabläufe zu bringen, fordert der Seifritz neue Leute. Das ist doch typisch! Was bei uns an Zeit verlorengeht, o Gott!	X = 4 T = 5

Situation 3

Bereichsleiter Bischof, dem ein Teil eines wichtigen und neuen Projekts übertragen wurde, hat bei der Entwicklung offensichtlich einen erheblichen Fehler begangen. Die Sache macht in der Firma schnell die Runde. Er/sie erfährt davon und trifft in der Mittagspause beim Einkaufen im nahen Lebensmittelmarkt auf andere Kollegen. Man schwatzt ein bisschen miteinander. Welche Ansicht vertritt er/sie?

Oje. Der Bischof tut mir leid. Der hat's nicht leicht in diesen Tagen.	L = 5
Der arme, kleine Bischof. Au, das tut richtig weh! Na ja, wenn man sich einen Versager für wichtige Aufgaben aussucht, dann sollte man sich nicht wundern.	B = 3 T = 5
Habt Ihr auch schon gehört, was passiert ist? Das ist doch kaum zu fassen! Wie kann einer so blöd sein wie der Bischof! Er sollte es eigentlich besser können.	O = 5
Habt Ihr eine Idee, wie man dem Bischof helfen kann? Das war ja schon eine harte Nuss, die er da knacken musste!	R = 3
Bischofs Leistungen waren schon immer mangelhaft. Jetzt ist das endlich auch für den letzten Mitarbeiter deutlich geworden.	G = 5

Situation 4

Eine neue Kollegin wird eingestellt. Nachdem der Chef sie allen vorgestellt hat, alle sie beschnuppert haben und der erste Eindruck »sitzt«, treffen sich einige Mitarbeiter in der Kaffeeküche. Was sagt er/sie?

Habt ihr gesehen, wie der Chef sie uns vorgestellt hat? Mit dem Besitzerstolz eines kleinen Jungen, dem die Eltern zum Geburtstag ein neues Spielzeug geschenkt haben. Tsss …	X = 5
Könnte eine nette und patente Kollegin werden. Wie Sie auf die Fragen von uns geantwortet hat, das fand ich ganz prima!	N = 4
Ich will ja nichts sagen, aber dieses Kostüm sah unmöglich aus! Wie man sich nur so anziehen kann! Ein bisschen Beinfreiheit ist in der warmen Jahreszeit ja ganz angenehm. Aber so! Und dann ihre Beine! Viel zu dick für das knappe Kostüm …	C = 5 V = 2
Nicht schlecht. Sehr appetitlich!	K = 5
Wird sich ja bald herausstellen, was sie drauf hat.	A = 4
Ist die nicht ein bisschen zu jung für den Job?	F = 5

Situation 5

Betriebsversammlung. Der Betriebsratsvorsitzende rügt den Chef mit ungewöhnlich scharfen Worten und fordert, bei den nächsten Entscheidungen stärker einbezogen zu werden. Anschließend lädt er zur Diskussion unter den versammelten Mitarbeitern ein. Er/sie meldet sich zu Wort. Der Chef sitzt nicht mit dabei. Was hören Sie?

Na ja. Ich würde es nicht so zuspitzen. Aber es ist schon was dran …	G = 3
Ich finde, das war eine sehr mutige Stellungnahme.	A = 3
Es geht hier doch um die Sache! Ich denke, wir sollten nicht emotional werden.	R = 4
Also, ich weiß gar nicht, was ich sagen soll. Ich halte das für einen Skandal, unserem Chef so etwas vorzuwerfen!	Q = 5
Ich bin dafür, einen neuen Betriebsrat zu wählen. Der vergaloppiert sich ganz schön in seinen Vorurteilen …	J = 5
Kunststück: Als Betriebsratsvorsitzender kann man leicht das Maul aufreißen. Man ist ja schließlich unkündbar.	U = 5

Situation 6

Arbeit bleibt liegen. Entscheidungen werden nicht oder viel zu spät getroffen. Die Mannschaft ist frustriert. An jeder Stelle nur Stillstand. Der Abteilungsleiter beruft eine Abteilungsversammlung ein, um zu klären, wo es hakt. Er/sie, der zur Abteilung gehört, bezieht Stellung und sagt seine Meinung.

Ich möchte niemanden persönlich angreifen. Wirklich nicht. Aber ich finde, dass X dafür verantwortlich ist (er deutet mit dem Finger auf den angesprochenen Kollegen). Ich beobachte das schon lange. Die Verzögerungen gehen immer von Ihnen aus und pflanzen sich fort.	B = 4 G = 5
Endlich reden wir einmal über die Sache. Das wurde aber auch Zeit!	L = 5
Ich hätte nicht geglaubt, dass wir jemals darüber reden. Das überrascht mich ja wirklich!	X = 3
Ich weiß ja nicht, ob diese Besprechung wirklich etwas verändern wird. Wir haben schon so oft Besprechungen abgehalten und uns etwas vorgenommen. Und? Hat sich was verändert? Nee!	X = 5 Y = 3
Ich finde, das ist Chefsache. Warum ist er denn nicht dabei?	Q = 5

Situation 7

Umsatz und Ertrag sind dramatisch eingebrochen. Die Firma schleppt sich dahin. Schlimm! Bald wird bekannt, dass mindestens ein Kollege bzw. eine Kollegin entlassen werden muss. Einige Mitarbeiter treffen sich bei der Frühstückspause. Er/sie wird gefragt, was er/sie von der Situation hält und antwortet:

Ich möchte nicht in der Haut vom Chef stecken. Der muss jetzt entscheiden, wen es von uns trifft.	L = 5 V = 5
Keine Panik auf der Titanic! Nichts wird so heiß gegessen, wie es gekocht wird …	R = 5
Na ja (lacht). Jetzt wird es endlich mal die Drückeberger treffen.	U = 4
Es kommt, wie es kommt. Gegen so etwas kann man nichts unternehmen.	Y = 5
Was rätselt ihr eigentlich und zerbrecht euch den Kopf? Es kann doch nur einen treffen, den (er/sie schaut im Kreis herum und sein/ihr Blick bleibt verdächtig lange an einem bestimmten Kollegen hängen), der die schwächsten Leistungen bringt, oder?	F = 3 G = 5

Situation 8

Sie sitzen mit ihm/ihr in einem Büro. Er/sie telefoniert mit einer solchen Lautstärke, dass Sie sich nicht mehr konzentrieren können. Sie empfinden dieses Verhalten als unhöflich und unkollegial und sprechen ihn/sie darauf an, zumal Sie sehr deutlich erkennen können, dass er/sie Ihren Missmut und Ihre Verärgerung registriert. Ob es künftig denn nicht auch ein bisschen leiser ginge? Er/sie antwortet:

Entschuldigen Sie! Sie haben vollkommen recht. Meine Stimme ist einfach zu laut. Ich werde versuchen, leiser zu telefonieren. Das tut mir wirklich leid.	L = 3 S = 3
Haben Sie sich doch bitte nicht so! Wir sitzen eben gemeinsam in einem Büro, und ich muss Ihre Telefonate ja auch mit anhören. Wenn Ihnen das so viel ausmacht, müssen Sie sich eben um ein Chefbüro bewerben.	B = 5
Das ist ja wohl die Höhe! Also, was ich Ihnen schon lange einmal sagen wollte …	O = 5
Oh, bitte verzeihen Sie mir! Ich schlage Ihnen vor, dass wir eine Abmachung treffen und ich meine wichtigsten Telefonate zwischen 9 und 10 Uhr erledige. In dieser Zeit können Sie ja etwas anderes machen, wenn Sie damit einverstanden sind.	L = 3
Also das verbitte ich mir. Wer zuerst kommt, malt zuerst. Und, wenn ich mich recht erinnere, habe ich dieses Büro zuerst bezogen.	F = 5

Situation 9

Sie planen, den neuen Kollegen bzw. die neue Kollegin zum Mittagessen einzuladen, denn er/sie ist Ihnen nicht unsympathisch, und so könnte man sich doch etwas näher kennenlernen, um die Arbeitsgemeinschaft noch angenehmer zu gestalten. Wie reagiert er/sie?

Gern. Das freut mich!	V = 5
Klasse, finde ich gut. Ja, das machen wir. Heute würde es mir gut passen!	L = 2
Er/sie weicht aus und lässt alles im Ungewissen.	C = 5
Entschuldigen Sie, aber das halte ich für wesentlich zu früh.	C = 3
Sagen Sie einmal, glauben Sie, ich gehe sofort mit jedem neuen Kollegen auf die Fitz? Bitte ein bisschen mehr Respekt, ja?	E = 3 X = 4

Situation 10

Es ist unübersehbar, dass Herr Schiller Frau Bergmeier den Hof macht. Er ist sehr, sehr höflich und galant zu ihr. Sie scheint ihm außerordentlich zu gefallen. Man unterhält sich darüber. Er/sie sagt:

Dieser Clown. Merkt der nicht, dass die ganze Firma über ihn lacht? Lächerlich so etwas!	X = 5
Gefühle am Arbeitsplatz! Das ist ganz und gar nicht in Ordnung! Der Schiller sollte sich endlich besser in den Griff kriegen!	A = 5 N = 3 P = 5
Oh je. Was wohl der Chef dazu sagt!?	Q = 5
Jeder blamiert sich eben auf seine Weise. Der eine laut, der andere leise (lacht).	G = 4
Habt euch doch nicht so! Kann ich mir gut vorstellen, wie interessant das wieder für euch ist! Gibt es keine anderen Probleme?	R = 4

Situation 11

Er/sie erfährt, dass sich ein Kollege heimlich bei der Konkurrenz um eine dort ausgeschriebene Position beworben hat, um sich beruflich weiterzuentwickeln. Bei Ihrem gemeinsamen Arbeitgeber tritt er auf der Stelle, und ihm wurden trotz verschiedener Bewerbungen um eine Höherstufung bzw. um eine leitende Position keine Aufstiegsmöglichkeiten geboten. Doch auch der Wettbewerber hat den Kollegen nicht eingestellt. Wie reagiert er/sie?

Ich würde den Kerl sofort rausschmeißen! Sich bei der Konkurrenz zu bewerben! Uns derart in den Rücken zu fallen! Das ist ein ganz und gar mieses Spiel!	A = 3 G = 3
Na ja. Jeder bleibt, wo er kann …	H = 3
So ein Egoist!	L = 5
Ich finde es ganz und gar nicht in Ordnung, dass es herausgekommen ist, dass er sich bei unserer Konkurrenz beworben hat. Wer hat denn da nicht dichtgehalten? Ganz und gar unverantwortlich!	E = 3
O Gott, was regt Ihr euch so auf? Wenn er was Besseres findet, soll man ihn doch lassen.	Y = 5

Situation 12

Abteilungsleiter Schindler baut nur Mist. Alles misslingt ihm, doch der Chef scheint immer noch große Stücke auf ihn zu halten. Der ihm unterstellte Kollege Zieglmaier schlägt anderen vor, gemeinsam zum Chef zu gehen und sich zu beschweren. Schindler dürfe davon aber keinesfalls erfahren. Wie verhält sich er/sie, als er von Zieglmaier dazu aufgefordert wird, mitzumachen.

Nein, Leute. So etwas mache ich nicht. Ohne mich!	S = 5
Na klar. Höchste Zeit dafür!	E = 5 U = 4
Warum heimlich hinter seinem Rücken? Habt Ihr ihn selbst schon mal darauf angesprochen? Ich finde, dass wir das zuerst machen sollten!	N = 5 P = 3
Schön, dass der Chef einmal weg ist und er/sie ihn vertreten muss. Jetzt kann man einigen Kollegen eine kleine Abreibung geben und sich für dies oder das in der Vergangenheit revanchieren.	G = 3 T = 5
Oh, ich habe keine Zeit …	D = 5

Situation 13

Das Unmögliche und Undenkbare ist geschehen. Ein Mitarbeiter der Entwicklungsabteilung bemerkt, dass eine Projektidee, die er an einer bestimmten Stelle seiner Festplatte deponiert hatte, kopiert wurde. Gruber von der benachbarten Abteilung wird verdächtigt, und die Sache verbreitet sich in Windeseile. Ihr Kollege bzw. Ihre Kollegin lässt verlauten:

Wundert euch das? Ich habe den Gruber immer schon für einen ganz tricky Typen gehalten!	X = 5
Langsam, langsam. So etwas verbreitet man doch nicht so schnell! Das ist eine ernste Anschuldigung!	P = 4 R = 5
Wann soll das passiert sein? Wie hat er seine Idee denn abgespeichert? Mit welchem Programm? Warum hat er das Ganze nicht verschlüsselt und codiert? Oder hat er es doch verschlüsselt? Welche Anhaltspunkte hat er denn dafür, dass es ausgerechnet der Gruber gewesen sein soll?	I = 5 S = 5
Rausschmeißen, aber ganz schnell! Fristlos entlassen!	M = 5
Eine Projektidee? Der soll eine Idee gehabt haben? Da kann ich ja nur lachen!	F = 3
Man sollte ganz schnell mit dem Chef darüber sprechen.	T = 5

Situation 14

Franziska Olbig hat erhebliche Probleme mit ihrem Chef, Abteilungs-leiter Harden. Sie berichtet Ihrem Kollegen/Ihrer Kollegin unter Tränen und mit der dringenden Bitte, es niemandem zu erzählen, dass dieser ungehobelt, ausfallend und einfach ein ganz grässlicher Kerl sei. Wie reagiert Ihr Kollege bzw. Ihre Kollegin?

Er/sie läuft zu Harden und trägt ihm den Vorfall zu.	J = 3
Er/sie läuft zu Harden, trägt ihm das Ganze zu und setzt kräftig noch eins obendrauf, als er/sie dazudichtet, dass Olbig ihn ein A... genannt habe.	Q = 5
Er/sie läuft zu Harden und rät ihm, dafür zu sorgen, dass die Olbig rausgeworfen wird.	T = 5
Er/sie verspricht Olbig, niemanden etwas gegenüber zu erwähnen, und tratscht es dann doch in der ganzen Firma herum.	U = 2
Er/sie rennt wutentbrannt zum obersten Chef und beschwert sich über die »unmögliche Mitarbeiterführung dieses Herrn Harden«.	B = 5 E = 5

Situation 15

Ein Kollege/eine Kollegin möchte eine Kaffeepause machen und findet seine/ihre Kaffeetasse nicht. Ein anderer Mitarbeiter benützt offensichtlich seine/ihre Tasse. Zufällig ertappt er/sie ihn dabei – den ständig zerstreuten Herrn Braun. Wie reagiert Ihr Kollege bzw. Ihre Kollegin?

Er/sie ist unangenehm berührt, hat aber keine Zeit und keine Lust, sich mit Herrn Braun auseinanderzusetzen. Er/sie nimmt schweigend die Tasse von Herr Braun.	S = 3
Na toll ... Wunderbar, Herr Braun! Ihr Arbeitstisch sieht wie eine Müllhalde aus, aber das genügt Ihnen noch nicht. Jetzt greifen Sie sich sogar fremde Kaffeetassen!	D = 2
Amüsiert und neckisch: Oh, Herr Braun! Aus meiner Tasse schmeckt der Kaffee bestimmt besser, nicht wahr?	C = 5
Zögernd: Herr Braun! Eine Brille ist zu wenig für Sie? Brauchen Sie eine zweite? Geben Sie mir doch bitte meine Kaffeetasse zurück!	M = 3
Da haben Sie sehr viel Glück gehabt, Herr Braun, dass Sie nur meine Tasse (und ich vermute, nicht nur einmal) und nicht die Cheftasse benützt haben.	J = 5

Situation 16

Der Chef überträgt ihm/ihr eine neue Aufgabe: »Ich möchte von Ihnen konkrete Vorschläge für die Verbesserung der Arbeitsqualität und des Arbeitsklimas haben.« Seine/ihre Reaktion:

Er/sie nickt tapfer, denkt aber: »O Mann, o Mann, o Mann … Das schaffe ich nie … Und ich will es nicht … Um Gottes willen …«	S = 3
»Klar, mache ich. Sie haben recht. Unsere Mitarbeiter sind sehr unorganisiert. Und dieses ewige Kaffeetrinken in der Küche und die spontanen Mittagspausen. Keine Disziplin. So geht es nicht. Wir brauchen endlich feste Regeln.«	D = 5 N = 5
Er/sie schreibt eine umfangreiche Analyse von 200 Seiten und erarbeitet viele Vorschläge mit geradezu wissenschaftlicher Akribie.	W = 5

Situation 17

Er/sie ist gemeinsam mit dem Chef in dessen Auto etwa vier Stunden unterwegs. Worüber sprechen sie?

Er/sie nützt die Möglichkeit, um seine/ihre Person ins rechte Licht zu rücken und das Vertrauen des Chefs zu gewinnen. Er/sie erzählt ihm »unaufdringlich« die brandneuesten Gerüchte und den aktuellsten Büroklatsch.	Q = 5 T = 5
Er/sie ist dem Chef dankbar, dass dieser sich die ganze Zeit für die Radionachrichten interessiert.	I = 5
Er/sie freut sich sehr über die Chance, dem Chef seine/ihre neuesten geschäftlichen Ideen mitteilen zu können. Der Chef soll sich dafür begeistern.	A = 5
Er nutzt die Gelegenheit, dem Chef seinen Wunsch nach einer Gehaltserhöhung vorzutragen.	B = 3

Situation 18

Er/sie hat eine neue Assistentin und muss ihr einen Teil seiner/ihrer umfangreichen Aufgaben übertragen, weil die Arbeitsbelastung eigentlich schon lange zu viel für ihn/sie ist.

Trotzdem schätzt er diese Situation prinzipiell nicht. Er/sie kann es überhaupt nicht verknusen, Aufgaben abtreten und mit der neuen Kollegin eng zusammenarbeiten zu müssen.	F = 5 I = 5
Prima! Die Kleine kriegt alle lästigen und unerledigten Aufgaben. »Eine Liste aller Aufgaben zu Ihrer Übersicht? Das ist nicht nötig. Sie erhalten genügend Aufgaben von mir. Und ich bin immer erreichbar.«	H = 5
Er/sie überträgt ihr nur die simpelsten Aufgaben, weil es zu viel Zeit kosten würde, sie bei anspruchsvollen Tätigkeiten ständig kontrollieren zu müssen. Er/sie hält es für einfacher, diese Arbeiten selbst zu erledigen.	V = 3
Noch eine Mücke in meinem Netz!	K = 5

Situation 19

Er/sie fragt bei einem Kollegen nach detaillierten Informationen für ein Projekt. Schon das zweite Mal erhält er die Antwort: »Ich habe im Moment leider überhaupt keine Zeit, um mich mit Ihrer Frage zu beschäftigen. Später, später ...« Seine/ihre Reaktion:

Laut: »Verdammter Mist! Ich brauche die Informationen, haben Sie verstanden? Wie lange denken Sie mich denn noch vertrösten zu wollen?«	M = 5
»Später, später ... Sie hatten doch schon genügend Zeit, um nachzudenken! Wenn Sie mir partout nicht helfen wollen oder können, dann gehe ich eben zum Chef. Dann werden Sie schon sehen, dass ich mir sehr wohl holen kann, was ich brauche!«	B = 5
»Gut, ich verstehe, dass sie noch etwas Zeit brauchen. Aber lassen Sie es bitte nicht allzu spät werden. Ich brauche Ihre Angaben.«	H = 4 Y = 4
(Stöhnt) »Ich habe nichts anderes von Ihnen erwartet. Für die einfachsten Dinge brauchen Sie ja immer eine halbe Ewigkeit.«	X = 4
»Das ist typisch! Sie sind ganz und gar unfähig!«	O = 5

Situation 20

Seit längerer Zeit fällt vielen Mitarbeitern auf, dass Kollege Geiger immer recht spät zur Arbeit kommt, bei wichtigen Besprechungen schlechter als früher vorbereitet ist, manchmal merkwürdig mit den Händen zittert und oft unkonzentriert und fahrig ist. Zufällig entdeckt Ihr/ihre Kollege/in eines Tages eine halbleere Flasche Schnaps neben einem Schreibtischcontainer. Was tut er/sie?

Er/sie reagiert überhaupt nicht und tut so, als ob er/sie nichts gesehen hätte.	I = 3
Er/sie nimmt Geiger still zur Seite und redet ihm ins Gewissen.	N = 5
Er/sie erzählt es dem Chef.	Q = 5
Er/sie erzählt es dem Chef und rät zur sofortigen Kündigung.	T = 5
Er/sie erkundigt sich privat nach den Möglichkeiten einer Entziehungskur.	L = 4

AUSWERTUNGSTABELLE

Schema: Wenn Sie z. B. glauben, dass sich der jeweilige Kollege in Situation 1 (siehe Seite 122) wie in der ersten Antwortmöglichkeit verhalten würde, dann verteilen Sie in Tabellenzeile 1 die für diese Antwort vorgesehenen Punkte: 5 Punkte für N, 2 für P und 3 für R. Viel Spaß!

PUNKTE PRO BUCHSTABE

SITUATIONEN	A	B	C	D	E	F	G	H	I	J	K	L	M	N
1														
2														
3														
4														
5														
6														
7														
8														
9														
10														
11														
12														
13														
14														
15														
16														
17														
18														
19														
20														
Gesamt														

O	P	Q	R	S	T	U	V	W	X	Y

Auflösung:

A Gottesanbeterin
B Kampfstier
C Marketingmieze
D Ablagemaus
E Frustnashorn
F Platzhirsch
G Abteilungshai
H Siebenschläfer
I Einsiedlerkrebs
J Vorzimmer-
   drachen
K Firmenpfau
L Teamameise
M Brüllaffe
N Leithammel
O Schreibtisch-
   pinscher
P Löwenkönig
Q Bückling
R Ruhefant
S Aktenwurm
T Kollegenhyäne
U Trampeltier
V Arbeitsbiene
W Papiertiger
X Meckerziege
Y Faultier

IHRE HALL OF FAME

Haben Sie allen Kollegen ein Tier zuordnen können?
Hier haben Sie Platz, um ihre Namen einzutragen:

Ablagemaus

- -

Abteilungshai

- -

Aktenwurm

Arbeitsbiene

Brüllaffe

Einsiedlerkrebs

Bückling

Faultier

_____

Firmenpfau

_____

Frustnashorn

_ _

Gottesanbeterin

_ _

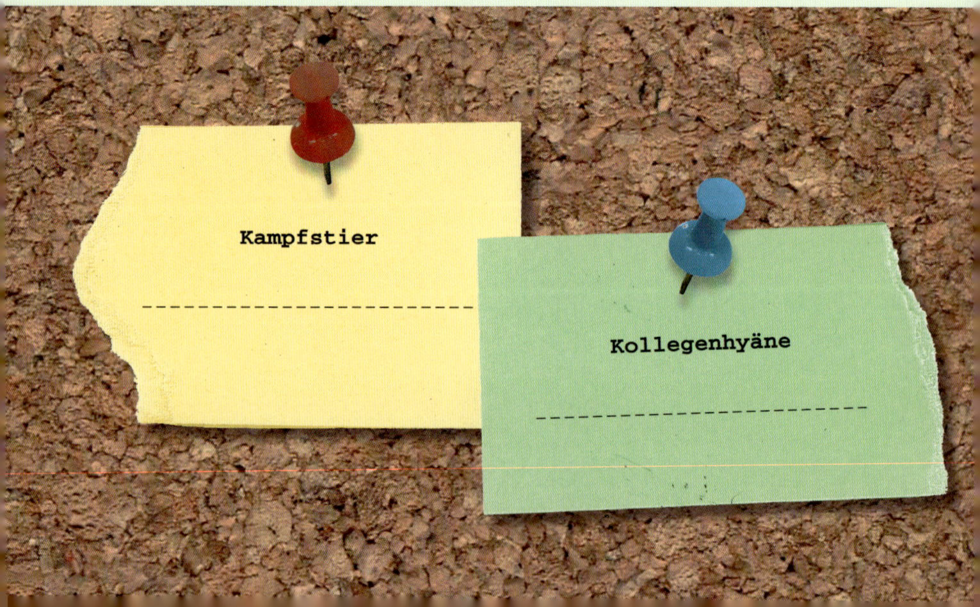

Kampfstier

Kollegenhyäne

Leithammel

Marketingmieze

Löwenkönig

Papiertiger

_____

Meckerziege

_____

Platzhirsch
- -

Ruhefant
- -

Schreibtischpinscher

Teamameise

Siebenschläfer

Trampeltier

Vorzimmerdrachen

_____

EIN WORT ZUM SCHLUSS

»Einem Kameraden hilft man.
Einem Kollegen misstraut man.
Mit einem Freunde ist man albern.«

So jedenfalls beschrieb der deutsche Schriftsteller Peter Bamm (1897–1975) unser Verhältnis zu den Kollegen.

Ist das gerecht? Ist das richtig? Gerecht ist es gewiss nicht, weil es doch auch Kollegen gibt, denen wir nicht misstrauen, die wir sogar mögen und denen wir demzufolge unser Vertrauen schenken. Und richtig? In vielen Fällen schon. Schließlich geht es am Arbeitsplatz um den Zugang zu den materiellen Ressourcen unseres Lebens und um ihre Verteilung: Es geht um das »liebe Geld«, das wir verdienen. Je größer unser Ansehen am Arbeitsplatz ist und je besser unsere Reputation und unsere Stellung sind, desto mehr Geld verdienen wir für gewöhnlich, und desto vielfältiger sind unsere Möglichkeiten, am allgemeinen Wohlstand teilzuhaben und einen entsprechenden Platz in der Gesellschaft einzunehmen.

→ ## Der Kollege – nur ein Konkurrent?

Wir stehen mit Kollegen in einem ständigen Wettbewerb: Wir konkurrieren um ein höheres Gehalt und das damit verbundene Prestige – und umgekehrt. Deshalb kann unser Verhältnis zu Kollegen natürlicherweise nie wirklich »freundschaftlich« sein, weil wir, wie Bamm feststellte, uns mit Freunden ungezwungen geben können. Wir albern herum. Wir sind offen. Wir zeigen unser wahres Gesicht.

Aber mit Kollegen? Nein. Hier sind wir eher vorsichtig, zurückhaltend, tastend. Wie weit können wir unserem Kollegen trauen? Was dürfen und wollen wir unserer Kollegin von unserem Innersten preisgeben? Sollen wir überhaupt etwas aus unserem Privatleben erzählen? Welchen Hobbys wir frönen, welche Lieblingsbeschäftigungen wir haben, mit welchen Menschen wir verkehren? Dürfen wir unserem Kollegen verraten, welche Zukunftspläne wir schmieden, was uns freut und wovor wir uns fürchten? Geht ihn das überhaupt etwas an? Viele sagen: »Nein! Das ist meine eigene Sache. Dienst ist Dienst und Schnaps ist Schnaps.«

→ Bleiben Sie authentisch!

Trotzdem sind wir meist nicht in der Lage, die Verkleidung und die Maske, die wir uns für den Arbeitsplatz zugelegt haben, wirklich überzeugend und in jeder Situation glaubwürdig zu »vermitteln«. Die meisten Kollegen spüren, was aufrichtig ist und was nicht, und es treten Situationen auf, die uns so intensiv berühren, dass unser wahres Gesicht deutlich wird. Deshalb mag es immer noch der beste Weg sein, auch am Arbeitsplatz möglichst authentisch zu bleiben. Das bedeutet nicht, mit den Kollegen »herumzualbern« oder ihnen gleich sein Innerstes zu Füßen zu legen, sondern das bedeutet vielmehr, sich selbst treu zu bleiben und den anderen nichts vorzuspielen.

Wichtiger Hinweis

Die im Buch veröffentlichten Ratschläge wurden mit größter Sorgfalt von Verfasser und Verlag erarbeitet und geprüft. Eine Garantie kann jedoch nicht übernommen werden. Ebenso ist eine Haftung des Verfassers bzw. des Verlages und seiner Beauftragten für Personen-, Sach- oder Vermögensschäden ausgeschlossen.

Bildnachweis

Illustrationen: Ian Marsden

Bibliografische Information der Deutschen Nationalbibliothek
Die Deutsche Nationalbibliothek verzeichnet diese Publikation in der Deutschen Nationalbibliografie; detaillierte bibliografische Daten sind im Internet über http:// dnb.d-nb.de abrufbar.

© 2008 Knaur Ratgeber Verlag
Ein Unternehmen der Droemerschen Verlagsanstalt Th. Knaur Nachf. GmbH & Co. KG, München
Alle Rechte vorbehalten

Projektleitung: Franz Leipold
Redaktion: Dr. Marion Onodi, Planegg
Herstellung, Satz und Layout: Veronika Preisler
Bildredaktion: Sylvie Busche (Ltg.), Markus Röleke
Umschlaggestaltung: griesbeckdesign, München
Reproduktion: Repro Ludwig, A-Zell am See
Druck und Bindung: Offizin Andersen Nexö, Leipzig
Printed in Germany

ISBN 978-3-426-64568-0

5 4 3 2 1

Besuchen Sie uns auch im Internet unter der Adresse:
www.knaur-ratgeber.de